密教の聖なる呪文

諸尊・真言・印・種字

正木 晃

BNP
ビイング・ネット・プレス

まえがき

真言密教が修行や修法を実践するとき、絶対に欠かせない基本がある。三密加持である。三密加持なしに真言密教は成り立たないと断言してもいい。

三密加持の「三密」とは、身密・口密・意密から構成され、身体・言語・心のそれぞれに配当された活動を意味する。この三分法は、人間活動のすべてを仮に三つに分けて把握したまでで、じつは人間活動のすべてを意味している。それどころか、これらの三密は、究極的には全宇宙の活動そのものにほかならないとも認識されている。

具体的には、手に印契を結び、口に真言を誦し、心に仏菩薩や明王のありさまを思い描く行為を指す。そして、心身ともに、仏菩薩と相似の状態に達するときに、本来であれば無限の距離があるはずの修行者と仏菩薩とのあいだが一挙に縮まり、ついには両者が融合し一体化して、つまり相似がイコールの関係に飛躍するというのだ。

このように、両者が融合し一体化して、つまり相似がイコールの関係に飛躍することを、「加持」という。

三密加持を実践するためには、印契と真言と図像が欠かせない。

印契は、仏菩薩や明王の身体と、自分自身の身体を、相似の状態に導くための行為であり、わかりやすく表現するなら、主に両手の指をつかったパントマイムといえる。もちろん、相似をめざす仏菩薩や明王によって、その形は厳密に指定されている。なお、相似をめざす仏菩薩や明王がむすぶとされる印契の形と、行者がむすぶ印契の形は、必ずしも一致せず、異なる場合も少なくない。

真言は「聖なる呪文」として、真言密教には必須の要素である。その重要性は、このタイプの仏教がインドでは「マントラ・ヤーナ（真言乗）と呼ばれ、日本に本格的な密教を導入した空海を始祖とする宗派が真言宗と称する事実からもよくわかる。ちなみに、日本の密教界では、長短で区別してきた伝統があり、短めの呪文は真言、長めに呪文は陀羅尼と呼ばれてきた。

呪文の発音は、もとのサンスクリットから漢字に翻訳された時点で、大きく変わっている。さらに、伝承の過程で流派による違いも生じ、結果的にサンスクリットの発音とは大きく異なる場合も少なからずある。しかし、効験の点で問題とされることはない。要するに、長きにわたり伝承されてきた呪文は、たとえ発音や読み方が違っていても、みな効験あらたかとされる。

図像は、心に、相似をめざす仏菩薩や明王を想い描くために、これまた不可欠である。密教の尊格は、顕教の尊格に比べると、はるかに多種多様だから、経典などに記された文字面だけからその姿を想い描くことは、無理に近い。そこで、モデルとなる図像が必要とされるのである。本書では、現時点で入手できる最高の図像を掲載している。

また、本書には仏菩薩や明王を梵字一つで象徴する種字を掲載している。その書体は、流派の違いなどにより、いろいろあり、一つとは限らないことを、あらかじめおことわりしておきたい。

正木 晃

目次

第二章　聖なる呪文の実践——虚空蔵求聞持法と阿閦三十二尊曼荼羅瞑想法

第三章　仏菩薩たちの聖なる呪文

第四章　明王と天部

第六章　修験道の呪文

カバー／降三世明王

第一章　呪文とは何か

呪文の起源

いつ呪文が生まれたのか。この問いには、呪文も言語の一形態である以上、人類が初めて言語を使い出してから、おそらく間もないころと答えるしかない。

もっとも、いつから人類が言語を使い始めたのか、はよくわかっていない。現生人類とネアンデルタール人が分化する以前の三十〜四十万年前にはすでに生じていたという説もあるが、確証はない。

言語が文字の発生より前に生じていたことは、疑いない。ただし、言語の発生と文字の発生とのあいだに、どれくらいの時間差があるのか、これまたよくわかっていない。

現時点における研究によれば、世界最古の文字は、紀元前四千年紀の後半ころに、メソポタミアで、いわゆる楔形文字として発明されたと考えられている。もし仮に、文字の発明が紀元前四千年紀の後半ころとすれば、言語の発生から数万年どころではない時間が経過していることになる。

呪文の発生を考えるうえで、もう一つ欠かせない要素がある。呪術である。無言でなされる呪術がまったくないとはいえないので、呪術の発生＝呪文の発生とは断言できない。しかし、呪術ではおおむね呪文が不可欠とみなされる傾向を見れば、呪術の発生と呪文の発生が重なってくる可能性はかなり高い。

では、いつ呪術は発生したのか。残念ながら、この問いに答えるすべはない。文字が生まれるはるか以前の段階から、呪術が発生していたことは確かだろう。ひょっとしたら、言語が生まれて間もないころから、呪術は存在したのかもしれない。しかし、確証は求めようもない。

ようするに、この種の問いは、どうどうめぐりを繰り返すばかりで、ほとんど意味はない。それよりも具体的な事例をとりあげて、考えるべきだろう。

ヴェーダの呪文

日本の古代社会では、言葉や声に特別な価値を見出していた。このことは、「言霊《ことだま》」といって、言葉や声に、大地をも神をも動かしうる、不可視にもかかわらず、強烈な力を認めていた事実からも、よくわかる。

この種の傾向は、むろん日本にかぎらない。世界中の古代社会で、言葉や声に特別の価値を見出す傾向が広く見られる。

そこには古代社会に特有の状況が介在していたと思われる。特有の状況とは情報量の圧倒的な少なさである。現代社会では、言葉はもとより、言葉以外の情報が、それこそあふれんばかりであり、ともすればわたしたちは情報の洪水に溺れかねない状態にある。しかし、こういう状態は現代社会に特有であって、近代化以前の社会では想像すらできなかった。まして古代社会ともなれば、人々が得られる情報の量はすこぶる少なかった。

そもそも、一般人が使える言葉の数そのものからして、ごく限られていた。いいかえれば、語彙（ボキャブラリー）がきわめて乏しかった。

現在でも、近代化の恩恵から遠い生活をおくっている人々の場合、かれらが使える語彙はけっして多くない。したがって、必然的に複雑な構文とはまったく無縁であり、単文しか使えない人々すら存在する。

たとえば、アマゾン川の支流のひとつであるマイシ川沿いの村に住んでいるピダハン族が使う言語は、音素の数が極端に少ない。文法的には、現在形しかなく、過去形もなければ、未来形もない。さらに、「わたしは背の高い男を見た」という複文構造が成り立たず、「わたしは男を見た。男の背が高かった」という単文を重ねる表現しかできない。

ともあれ、語彙の乏しい社会にあっては、豊かな語彙を、複雑な構文をもちいて、自在に駆使することは、特権的な階級に属する者たちにしかできなかった。そして、その特権的な階級とは、どこであろうとほぼ例外なく、宗教をつかさどる祭司階級だったのである。

ヴェーダの呪文＝マントラ

わけてもインドの場合は、それが徹底していて、あらゆる面において、日本の比ではなかった。祭司階級によって、言葉のもつ霊妙な力は神格化されて、ヴァーチという女神となり、聖典ヴェーダには、声こそ永遠なれ、とうたわれた。こうした状況を背景に、宗教者や学者たちもそれぞれ独自の言葉にまつわる理論を展開し、声常住論《こえじょうじゅうろん》・声無常論などが主張された。さらに、知的冒険を試みて、永遠なる言葉の原型を求めようと試みる人々さえ生まれた。

いま、わたしたちが現実に読むことができる最古の呪文の一例は、インドの聖典として知られるヴェーダのなかにある。ヴェーダは紀元前一千年ころから紀元前五百年ころにかけて成立したとみなされているので、最古の呪文は紀元前一千年ころまでさかのぼる可能性がある。

ヴェーダの中核部分は「サンヒター（本集／本体）」とよばれ、『リグ・ヴェーダ』・『サーマ・ヴェーダ』・『ヤジュル・ヴェーダ』（『黒ヤジュル・ヴェーダ』・『白ヤジュル・ヴェーダ』）・『アタルヴァ・ヴェーダ』という四つの書物からなる。

このうち、『アタルヴァ・ヴェーダ』は、そのほとんどすべてが呪文で占められている。また、最古の成立とされる『リグ・ヴェーダ』をはじめ、他のヴェーダにも、『アタルヴァ・ヴェーダ』

におさめられている呪文が見出される。

ちなみに、辻直四郎訳『アタルヴァ・ヴェーダ』岩波文庫版のタイトルは、『アタルヴァ・ヴェーダ讃歌——古代インドの呪法』となっている。このタイトルのうち、「讃歌」は「マントラ」という言葉の訳語である。

マントラは聖なる呪文のことであり、通常、「真言《しんごん》」と訳される。だから、『アタルヴァ・ヴェーダ真言』でもよいはずだ。ところが、そうなっていない。なぜだろうか。

よほどの専門家でもなければ、讃歌の原語がマントラであることを知らない。真言では読者に意味がわからないと考えたのかもしれないが、讃歌と真言では、受けるイメージが違いすぎる。日本の関連学界に、呪術的な行為にたいする忌避反応、あるいは低い評価が蔓延していることを考えると、讃歌としたほうが無難と思ったのかもしれない。もしくは、真言宗という宗派が存在する事実を考慮して、真言という訳語を避けた可能性もないではない。

『アタルヴァ・ヴェーダ』の呪文

『アタルヴァ・ヴェーダ』に掲載されている呪文は、必ずしも呪文単独で唱えられなかったようである。むしろ、薬草や護符などの使用を前提とする事例が多い。つまり、呪文を唱えることで、薬草や護符の効果を高めようとしたらしい。この点は、インド大乗仏教の最終形態にほかならない密教が採用した方法とも共通する。

訳者の辻直四郎氏は『アタルヴァ・ヴェーダ』の呪法を、以下の十種類に分類している。

①病気治療。病魔の駆逐
②健康増進、寿命延長のための息災・長寿法
③悪魔・魔術師・仇敵の克服。呪詛の無効化。呪詛実行者を破滅させる調伏法
④男女の愛情・融和の増進。子孫を得るための婦女法
⑤調和・敬愛・権威を得るための和合法
⑥王威を高め、戦勝をもたらし、失った王位を回復するための国王法
⑦バラモンの利益を守り、その権力を増すための呪法
⑧開運・繁栄・安穏を目的とする増益法
⑨罪垢・凶兆・悪夢の影響を消すための贖罪法
⑩その他

後世の密教では、呪法の目的を息災・増益・降伏（調伏）・敬愛・鉤召《こうちょう》・延命の六種類に分ける。鉤召は、自分が愛する対象を、自分のほうへ引きつける呪法である。この六種類は、『アタルヴァ・ヴェーダ』の十種類の呪法をさらに整理した結果と考えてかまわない。とすれば、『アタルヴァ・ヴェーダ』の段階で、すでに呪法の種類は網羅されていたことになる。

ここで、『アタルヴァ・ヴェーダ』の呪文とその具体的な使い方を、いくつか紹介してみよう。なお、辻直四郎氏の訳文は、現在の水準からすると、かなり生硬なので、差し障りのないと思われる範囲で、言葉をあらためた。また、ほとんどの場合、一つの目的にたいし複数の呪文が列挙されているが、全部をあげるとあまりに煩雑なので、ここではそのなかの一つだけを選んでいる。厳密さをもとめる方は、岩波文庫をお読みいただきたい。

【呪詛あるいは呪詛者にたいする呪文】

悪の敵であり、神より生まれ、呪詛を祓い清める植物は、われらよりあらゆる呪詛を洗い去ってしまう。あたかも水の汚点のように。

大麦あるいはその粒で作った護符を、被害者の額に巻き付ける。

【性欲を増進させるための呪文】

ガンダルヴァ（乾闥婆《けんだつば》）が性的な力を失ったヴァルナ（天空神／水天）のために、掘り出したおまえを、そういうおまえを、われらは掘り出す。男根をエレクトさせる薬草を。

この呪文を唱えるときは、「おまえを掘るのは男性である。おまえは男性なのだ、薬草よ。おまえは男性である。権力に富む者よ。男性のために、われらはおまえを掘る」という呪文を併用する。そして、鉄製の器具で、ウッチュシェマーとパリヴィアーダとよばれる二種類の薬草を掘る。これらを薬草を牛乳で煮て、二種類の煎薬を造り、これを患者に飲ませる。この際、弦を張った弓を、患者の膝の上にのせる。もしくは、弓の代わりに杖《じょう》あるいは杵《しょ》のうえに、患者をすわらせる。

【恋仇の女性を呪うための呪文】

恋の幸せと輝きを、奪いとってしまう、花束を、木から離して捨てるように。地面に重く座を占めて、そびえたち動かない山のように、嫁がずに、いつまでも実家に居坐れ。

恋仇が所有するいろいろな品々を、臼の割れ目に隠し、その上に三個の石をのせよ。恋仇の花環を粉々にして、彼女の頭髪で編み上げた環を、別々に黒い紐で縛り、三個の石の下に敷け。

呪文の特徴

辻直四郎氏は『アタルヴァ・ヴェーダ』の呪文に見られる言語・文体・韻律についても、こう指摘する。

・単純化された文体の採用
・未来形・受動的な表現の発達
・文法的に不正確な文体
・省略の多様
・音律の効果を重視して、反復・リフレイン（繰り返し表現）を多様
・通俗的な語源解釈を好む傾向

これらの指摘は、わたしたちが呪文にたいしてい抱いているイメージとぴったり合う。

ちなみに、最後の「通俗的な語源解釈」は、マントラという言葉を例にとると、こういう話になる。マントラは、分解するとマン＋トラになる。すなわち、動詞「マン（考える）」に、後接字「トラ（器）」が付加されたものであり、全体では「思考の器」というほどの意味をもつ……。同じく、マンダラという言葉を例にとれば、マンダラ＝マンダ＋ラ。マンダは「本質」、ラは「そなえるもの」という意味だから、両方合わせて「本質をそなえるもの」、つまり「悟りの境地をあらわしたもの」と解釈できる……。

なるほど、言い得て妙ではあるものの、しょせんは後知恵のたぐいにすぎない。過大な評価は禁物だ。

それに比べれば、「反復・リフレインの多様」は、呪文を考えるうえで、ひじょうに大きな要素である。ごく短い呪文を、たった一遍だけ唱えれば、効く！　という話もないではない。しかし、

多くの場合、ある一定の数以上、繰り返し唱えることが求められている。唱えるのに数十分以上もかかる長大な呪文の場合は、そのなかに必ずといっていいくらい、同一語句の繰り返しがある。

また、古代インドでは、呪文を唱える際、できるだけ低い声で、つまり他人には聞こえないくらい小さな声で、唱えるべし！　という原則があった。この件については、古代インド最高の法典として伝承されてきた『マヌの法典』（紀元前二百～紀元後二百）の第二章に、「低声の祈祷を以てする供犠は、（ヴェーダの）規則に従っておこなう供犠に比し、十倍の功徳がある。（他の者に）聞え難き（祈祷）は、それに勝ること百倍……」と書かれている。

このように特定の言葉を、低く低く繰り返していくと、そこに一種特有の精神状態が生じてくるのは、誰にでも想像できる。ようするに、呪文の低唱反復によって、三昧《ざんまい》（瞑想）とよばれる宗教的な境地へいたる道がひらけてくるらしい。現に、最近の大脳生理学では、この種の行為が、脳内に特殊な状態をもたらす可能性を強く示唆している。

ブッダと蛇よけの呪文

『アタルヴァ・ヴェーダ』に掲載されている呪文のなかに、蛇よけの呪文がある。熱帯のインドでは、コブラをはじめ、毒蛇の害は大きな脅威だった。したがって、蛇よけの呪文には大きな需要があった。

その呪文は、辻直四郎氏の訳によれば、こういう内容である。

①神々よ。蛇がわれらを、子孫と共に、男の子らと共に殺さざらんことを。閉じられた〔口は〕開かざれ。開かれたるは閉じざれ。神聖なる族《やから》に頂礼《ちょうらい》あれ。

②黒き蛇に頂礼あれ。横縞《よこじま》ある蛇に頂礼あれ。褐色にして巻きつく蛇に頂礼あれ。神聖なる族に頂礼あれ。

③われ歯をもって汝の歯を打つ、また顎をもって汝の両顎《あご》を、舌をもって汝の舌を、蛇よ、また口をもって汝の口を。

ここで注目すべき事実は、蛇を神聖視して、なだめにかかっている点である。いいかえると、蛇を一方的に邪悪視して、排除しようとはしていない。この点はおぼえておいていただきたい。

ブッダは呪法を否定したとよくいわれる。たしかに、最古の仏典とされる『スッタニパータ』には、ブッダが明確に『アタルヴァ・ヴェーダ』の呪法を否定した文言がある。

わが徒は、アタルヴァ・ヴェーダの呪法と夢占いと相《そう》の占いと星占いとを行なってはならない。鳥獣の声を占ったり、懐妊術や医術を行なってはならぬ。

（中村元『ブッダのことば』九二七）

しかし、その一方で、ブッダは蛇よけの呪文は容認したとも伝えられる。この呪文は「カンダ・パリッタ犍度呪《けんどじゅ》（蘊護呪《うんごじゅ》）」もしくは「カンダ・スッタ（犍度経）」とよばれ、由来を語る物語が、戒律にまつわる文献を網羅した律蔵《りつぞう》の『小品《しょうぼん》』とよばれる経典や増支部《ぞうしぶ》経典の『アヒンダ・スッタ』に書かれている。

それは、おおむねこういう話である。

あるとき、一人の比丘（男性の修行僧）が毒蛇に咬まれ、命を落とした。比丘が毒蛇に咬まれて死んだと報告を受けたブッダは、ほかの比丘たちにこういった。「かの比丘は、蛇たちにたいする慈悲が欠けていたために、毒蛇の害を被り、死んだのだ」と。ついでブッダは、比丘が四つの蛇王族を代表とする毒蛇から身を護るために、パリッタ（防護呪）を唱えてもよいと許可した。それがカンダ・パリッタなのである……。

重要なのは、カンダ・パリッタも、『アタルヴァ・ヴェーダ』の蛇よけの呪文と同じく、蛇を一方的に邪悪視して、排除しようとはしていない点である。むしろ、蛇にたいしても慈しみの心をもって接するように説くことで、蛇の害をこうむらないように願っている。カンダ・パリッタが容認された背景には、毒蛇の害をふせぐという目的にくわえ、この呪文が慈悲を説く仏教にふさわしいとみなされたことも、あずかって大きかったのかもしれない。

かくして、蛇よけの呪文を仏教は受容した。仏典のなかでも最古の部類にはいる律蔵の『小品』

に言及があることを考慮するなら、かなり早い段階で仏教に採用されたことはうたがいようがない。ほんとうにブッダ自身が容認した可能性も、あながち否定できない。

同じく、律蔵の「四分律」第二十七巻では、護身のために、治病の呪文、治毒の呪文、外道《げどう》を降伏する呪文が容認されている。さらに、仏滅から三百年ほどのちになると、仏教教団は思想傾向の違いから二十程に分裂をした。それが部派仏教である。その中の犢子部や法蔵部において、経・律・論からなる三蔵のほかに、呪言を集めて明呪蔵《みょうじゅぞう》まで編集されることになる。この段階になると、ブッダの教えを比較的忠実に継承する初期型仏教のなかでも、呪文の占める位置がひときわ大きくなっていたのである。

『ミリンダ王の問い』のパリッタ

その典型例が、『ミリンダ王の問い』という初期仏典に見られる。この経典の原初部分は、紀元前一世紀のなかごろまでには成立していたらしいので、かなり古い。一部は漢訳され、『那先比丘《なせんびく》経《きょう》』という名で伝えられている。

内容は、紀元前百五十五～百三十年ころに、西北インドを支配するバクトリア王国の王位にあったメナンドロスが、ナーガセーナという仏教僧とかわした対話集である。メナンドロスは、その名がしめすとおり、ギリシア系だったこともあってか、ナーガセーナにむかって、すこぶる単刀直入に仏教の真髄を問うている。

対話の中心は、いまも述べたように、仏教の真髄を問うものだが、パリッタにまつわる対話もある。パリッタは、漢訳本では「防護呪」と翻訳され、ブッダが説いた聖なる呪文として、すでにふれたカンダ・パリッタ（犍度呪）はもとより、ラトナ・パリッタ（宝防護呪）、モラ・パリッタ（孔雀防護呪）、ダジャッガ・パリッタ（高幢《こうどう》防護呪）、アータナティヤ・パリッタ（阿吒曩胝《あたくのうてい》防護呪）、アングリマーラ・パリッタ（指鬘《しまん》防護呪）というふうに、多くの種類があげられている。

興味深いのは、パリッタの効用についてかわされるナーガセーナとメナンドロス王の会話である。ナーガセーナは、ブッダの教えを説いて、空中にあろうが、海中にあろうが、はたまた山中の洞窟に逃れようが、死はまぬがれがたいと主張する。しかし、その一方でこれらの呪文を駆使すれば、なにごとも成就できるとも主張する。それにたいし、メナンドロス王は、ナーガセーナの主張はあきらかな矛盾だと指摘する。

すると、ナーガセーナはこう答えるのである。パリッタは、その人にあたえられている寿命の範囲内でもちいられるかぎり、もしくは業に起因する障害を阻止する力をもつ者だけにその使用がゆるされているかぎり、ブッダの教えと矛盾しない。そして、このパリッタを正しく駆使するなら、毒蛇も咬むことを止める。棍棒をふりかざして襲う強盗もその棍棒を捨て、かえって親切に対応してくれる。突進してくる狂った象も立ち止まる。大波が寄せ来るごとき猛火もたちまち消え失せる。

あなたを殺そうとする刺客も、あなたの奴隷のようになって、あなたの意にしたがう……。

ここでナーガセーナがパリッタに期待しているのは、身も蓋もないくらいの現世利益にほかならない。したがって、どう考えても、メナンドロス王が指摘するように、矛盾以外のなにものでもないのだが、ナーガセーナはそうは思っていないらしい。おそらく、ナーガセーナに見られるような態度こそ、当時の仏教僧の実態だったのではないだろうか。

大乗仏教と真言・明呪・陀羅尼

紀元前後ころから姿をあらわしはじめた大乗仏教の段階になると、呪文の地位は飛躍的に高まっていく。

大乗仏教の場合、使われる聖なる呪文は、マントラ、ヴィディヤー、ダーラニーの三種類に分けられた。そして、おのおのは漢字で真言・明呪《みょうじゅ》・陀羅尼《だらに》と表記されてきた。このうち、マントラ＝真言がヴェーダの呪文として登場したことは、すでにふれた。

ヴィディヤー＝明呪の場合、明とは学問的あるいは科学的な智恵の意味であり、呪は呪法を指す。すなわち、ヴィディヤー＝明呪とは、学問的・科学的な智恵＋呪法であった。このことは、古代インドにおいては学問・科学（技術）と呪法が渾然一体で、未分化だった事実を物語っている。

明呪にたいして、ブッダや初期仏教教団は、二つの異なる態度をしめした。呪法としての明呪は否定する一方で、学問的あるいは科学的な智恵としての明呪は、仏教のエッセンスを表現できるとみなして認めた。ただし、呪法としての明呪が完全に否定されたわけでなかったことは、すでに述べたとおりである。

陀羅尼は、サンスクリットの発音ダーラニーを、そのまま漢字で音写している。心を一定の場所に結びつけること、いいかえれば精神の集中統一という意味をとって、総持《そうじ》とか、ただ持と訳されるときもあった。ほんらいはヨーガ（瑜伽《ゆが》）の行法のひとつに由来し、仏教でも、精神の動揺をしずめ、三昧に入る手段として採用されたといわれる。

その方法は、真言の場合と同じように、特定の言葉を、くり返しくり返し唱えつづけ、その行為に意識を集中することに尽きる。この陀羅尼による精神の集中統一の結果、開けてくる三昧の境地に関連して、忘れてはならないことがある。それは、この境地が記憶の尋常ならざる向上をもたらす可能性を秘めている点だ。総持とか持という訳語は、この点と深くかかわっている。

真言・明呪・陀羅尼の発生と展開は以上のとおりだが、この三者は次第に統合され、統合されることでさらに大きな機能をもつ結果となった。時期的には四世紀ころである。

このとき主役を演じたのは、中観派とならび大乗仏教の二大流派をなす瑜伽唯識派《ゆがゆいしきは》であった。瑜伽唯識派は、その名がしめすように、ヨーガの実践と、その結果としてもたらされる智恵を、緻密な論理を駆使しつつ、体系化しようとこころみた。

その比較的初期の書物に、ヨーガの境地と菩薩道実践の関係を論じた大著『瑜伽師地論菩薩地《ゆがしじろんぼさつじ》』全百巻がある。成立は四～五世紀ころとされる。

そのなかでもとりわけ重要といわれる「菩提分品《ぼだいぶんぼん》」は、統合後の真言・陀羅尼の機能を四つあげる。

①法：経典の章句を構成する言葉を忘れない機能
②義：経典の意味を理解し忘れない機能
③呪：呪術的な機能
④得菩薩忍《とくぼさつにん》：「空《くう》」を体得させる機能

第一と第二の機能は、陀羅尼がもともともっていた機能とみなしていい。第三の機能は、真言と明呪がもともともっていた機能に由来する。

空と呪文

特筆すべきは第四の機能である。「空」は大乗仏教にとって究極の真理にほかならない。だから、「空」の体得とは、すなわち悟りを体得することにほかならない。

ほぼ同じ主張は、三百～三百五十年ころに成立した『般若心経』の、こういう一節からも確認できる。

三世諸仏　依般若波羅蜜多故　得阿耨多羅三藐三菩提　故知般若波羅蜜多　是大神呪　是大明呪　是無上呪　是無等等呪　能除一切苦　真実不虚

サンゼショブツ　エハンニャハラミッタコ　トクアノクタラサンミャクサンボダイ　コチハンニャハラミッタ　ゼンダイジンシュ　ゼンダイミョウシュ　ゼムジョウシュ　ゼムトウドウシュ　ノウジョイッサイク　シンジツフコ

過去・現在・未来のすべての仏たちも、般若波羅蜜多《はんにゃはらみった》という道を実践して、最高の正しい悟りの境地を得られたのである。したがって、こう知らなければならない。これ（般若波羅蜜多）は、大いなる神秘の呪文であり、大いなる智恵の呪文であり、最高の呪文であり、比べられるものがない呪文である。ありとあらゆる苦しみを克服し、真実にして偽りがない呪文である。

そもそも、『般若心経』は、末尾に提示される以下の聖なる呪文を唱えることで、悟りが得られると説く。

羯諦《ぎゃてい》　羯諦《ぎゃてい》　波羅《はら》羯諦《ぎゃてい》　波羅《はら》僧《そう》羯諦《ぎゃてい》　菩提《ぼうじ》薩婆訶《そわか》

ガテー　ガテー　パーラガテー　パーラサンガテー　ボーディスヴァーハー

行った者よ。行った者よ。悟りの世界へ行った者よ。悟りの世界へ完全に行き着いた者よ。幸いあれ

『般若心経』は「空」を説く経典として知られる。ということは、『般若心経』が想定する悟りとは、「空」の体得にほかならないことになる。その「空」の体得が、般若波羅蜜多とよばれる呪文、つまり「羯諦　羯諦　波羅羯諦　波羅僧羯諦　菩提薩婆訶」という聖なる呪文を唱えることで実現できると『般若心経』は主張するのである。

では、いかなる根拠があって、聖なる呪文は、修行者に「空」を体得させるというのか。それが問題だ。

この問いにたいして、『瑜伽師地論菩薩地《ゆがしじろんぼさつじ》』の「菩提分品《ぼだいぶんぼん》」はこう答える。

了知如是諸咒章句都無有義是圓成實。但唯無義。如實了知此章句義。所謂無義。是故過此不求餘義。

つまり、呪文には、呪文そのものがじつは無意味であることを、修行者に認識させる機能があるから。あるいは、呪文にはなんらの意味も成就されていないことを、修行者に悟らせる機能があるからだというのである。

では、呪文が上記のような機能をもつゆえんは、どこにあるのか。この問いにたいする答えは、書かれていない。したがって、推測するしかない。

「空」を体得させる呪文の機能は、おそらくくり返しにある。すなわち、ある言葉を、何回となくくり返していけば、次第次第に単なる音の羅列と化していき、ついにはその言葉がもとももっていた意味は、文字どおり意味を成さなくなる。いいかえると、解体してしまう。このことは、自分でやってみれば、誰でも体験できる。

この言葉の解体こそ、「空」を体得する際の必須要件にほかならない。

ここから先の話は、第二のブッダといわれるくらい、後世に絶大な影響をあたえた龍樹《りゅうじゅ》（ナーガールジュナ）がきずきあげたインド大乗仏教独特の理論が背景にあって、ひじょうにわかりにくい。それを承知の上でいえばこういうことになる。

龍樹の理論によれば、言葉は、その言葉がさししめす対象が存在するからこそ、成り立つはずである。しかし、龍樹が理解するブッダの悟りにおいては、この世にはなにひとつとして存在するものはない。すなわち、「空」である。存在しもしないものに執着するから、悟りが得られない。だから、悟りを得ようとするならば、この世にはなにひとつとして存在していないということを、正しく認識しなければならない。

こう考えると、わたしたちがまず最初になすべきことは、言葉の否定という結論にみちびかれる。しかし、言葉がもつ力はひじょうに強く、頑強にわたしたちを正しい認識から遠ざけている。言葉を根底から否定するすべはないか。その答えこそ、くり返しによる言葉の解体なのである。かくして、呪文に「空」を体得させる機能が期待されることとなる。

『法華経』の呪文

『般若心経』よりもさらに二〇〇年ほど早い一世紀に成立し、初期大乗経典を代表する『法華経』にも、複数の呪文が登場する。なにしろ、『法華経』には「陀羅尼品《だらにぼん》」という章すらあるくらいなのだ。『法華経』に説かれる呪文は、「六番神呪《ろくばんしんじゅ》」とひとくくりにされるとおり、全部で六つある。このうち、五つが「陀羅尼品」に、残りの一つが「普賢菩薩勧発品《ふげんぼさつかんほつぼん》」で説かれている。これらの呪文は、『法華経』を信仰する者を守護することが目的に設定されている。すなわち、まさに典型的な呪文そのものといっていい。

たとえば、薬王菩薩《やくおうぼさつ》が説く呪文はこうである。

アニ　マニ　マネイ　シレイ　シャリティ　シャミヤ　シャビタイ　センテイ　モクテイ　モクタビ　シャビ　アイシャビ　ソウビ　シャビシャエイ　アキシャエイ　アギニ　センテイシャビ　ダラニ　アロキャバサイハシャビシャニ　ネビテイ　アベンタラネイビテイ　アタンダハレイシュタイ　ウクレイ　ムクレイ　アラレイ　ハラレイ　シュギャシ　アサンマサンビボッダビキリジリテイ　ダルマハリシテイ　ソウギャチリクシャネイ　バシャバシャシュタイマンタラ　マンタラシャヤタ　ウロタウロタ　キョウシャリヤ　アキシャラ　アキシャヤタヤアバロ　アマニャナタヤ

不思議の思惟は思惟を超えている。久遠の行為は、煩悩を離れて、解脱をもたらす。寂滅と解脱は暗冥《あんめい》を救済し、平等である。邪悪を離れ、安穏かつ平等であり、滅尽《めつじん》に見えても、じつは滅尽ではなく、災厄はない。煩悩を離れ、精神を集中して、すべての現象に内在する光明を観察せよ。みずからを燈明《とうみょう》とし、あまねく絶対の真理にほかならない究極の清浄なる境地をめざせ。そこには凹凸なく、高低なく、動揺なく、旋回もない。清浄な眼から見れば、差別すなわち平等である。如来の認識を覚って輪廻転生から抜け出せ。真理を如実に観察し、僧侶たちに信受させよ。言葉をもちいずに、相手を納得させ、真理を明らかにせよ。真言秘密の言葉よ。真言をよりどころとして、声に出し、となえつづければ、尽きることなき幸福はさらに増すであろう。心を煩わせることなく、力強く進めまた、毘沙門天王《びしゃもんてんのう》は、こういう呪文を説く。

アキャネイ　キャネイ　クリ　ケンダリ　センダリ　マトウギ　ジョウグリ　フロシャニ　アンチ

無数の鬼神たちよ。ガネーシャ女神よ。ガウリ女神よ。ガーンダーリ女神よ。チャンダーリ女神よ。マータンギ女神よ。ジャーグリ女神よ。言え、行け、縛るぞ、縛るぞ

内容的には、後世の密教が説く呪文となんら変わらない。「陀羅尼品」の成立は『法華経』のなかではもっとも遅いと考えられているが、それでも二世紀には成立している。この事実から、初期大乗経典の段階で、すでに呪文は無視できない存在になっていたことがわかる。

密教と呪文

近年の研究成果によると、インド大乗仏教は、これまで考えられていたほど大きな勢力ではなかっ

たようだ。五〜六世紀以降、大乗仏教のなかから、その最終走者として密教が登場して初めて、インド仏教界における重要な存在になったらしい。そして、インド仏教の最終段階は、密教を中心にして展開されたようである。

つまり、密教が台頭してくるまでは初期型仏教が圧倒的に優勢だった可能性が指摘されている。この指摘をうけて、学術の領域では、初期型仏教はもはや小乗仏教とはよばず、「主流派」とよぶようになってきている。

呪文も密教の台頭と深いかかわりがある。ここまでご紹介してきたとおり、初期大乗仏典の段階から、呪文はつかわれてきた。しかし、大々的に呪文が採用されるようになったのは、やはり密教が台頭してからあとである。

ちなみに、『般若心経』を初期の密教経典とみなす研究者もいる。その根拠は、前半部で「空」の理論的な解説をしたうえで、後半部で例の「羯諦　羯諦……」という呪文を、悟りへとみちびく絶好のすべとして、説くことにもとめられる。ようするに、呪文なしでは、経典そのものが成り立たない構造になっている。この点に留意するなら、あながち否定できない説である。

密教と呪文の密接な関係は、密教を意味する呼称から証明できる。

「秘密仏教」を略した密教という呼称は、日本において、いまでこそ一般化しているが、時代をさかのぼると、つねにそうよばれてきたわけではなかったことがわかる。現に日本密教の開祖、空海は、密教よりも密蔵という言葉を多用している。たとえば、「密蔵は深玄にして翰墨《かんぼく》に載せ難し。

更に図像を仮りて悟らざるに開示す（密教の教えは深く神秘的なために、文字では伝えがたい。そこで図像をもちいて、理解できない人の眼を開くのだ『請来目録《しょうらいもくろく》』）というぐあいである。

さらにさかのぼって、インドで密教は、「ヴァジュラ・ヤーナ（金剛乗《こんごうじょう》）」とよばれたほかに、「マントラ・ヤーナ（真言乗）」ともよばれていた。インド仏教の忠実な後継者といっていいチベット密教でも、この二種類の呼称がつかわれてきた。このうち、「マントラ・ヤーナ（真言乗）」は、まさに「聖なる呪文の教え」にほかならない。

まったく同じように、日本でも「真言密教」とか「真言宗」という呼称がつかわれてきた歴史を考えれば、密教と呪文が切っても切れない関係にあることは、もはや疑いようがない。すなわち、呪文なくして、密教は成り立たないのである。

空海の真言論

日本密教の創始者、空海はその著と伝えられる『般若心経秘鍵《はんにゃしんぎょうひけん》』において、こう述べている。

真言は不思議なり。観誦《かんじゅ》すれば無明《むみょう》を除く。
一字に千理を含み、即身に法如《ほうにょ》を証す。

真言とは不思議なものである。心に思い浮かべつつ唱えれば、闇のごとき迷いを払ってくれる。たった一つの文字に限りなき真理を包含し、生きとし生けるこの身体のままで、仏の境地に達することができる。

また、主著とされる『秘密曼荼羅十住心論《ひみつまんだらじゅうじゅうしんろん》』巻第十では、こうも述べている。

大真言とは究竟《くきょう》法身《ほっしん》所説の真言なり。

至上至高の真言とは、絶対的な真理そのものにほかならない大日如来が説く真言である。

ここでいう「真言」は、いわゆる呪術的な機能を秘める言葉ではない。大日如来の言葉そのものであり、密教がもちいる語彙でいうなら、「秘密語」にあたる。

同じく、『即身成仏義』には、こういう文言もある。

もし真言行人ありて、この義を観察し、手に印契《いんげい》をなし、口に真言を誦し、心、三摩地《さんまじ》に住すれば、三密相応《さんみつそうおう》して加持するが故に、早く大悉地《だいしっじ》を得る。

もし真言密教の修行にはげむ者が、この意義をよくよく考えたうえで、手は印契（仏菩薩の本質を象徴する手指の結び方）をむすび、口は真言を唱え、心は仏の境地に入れば、修行者の身体と言葉と精神と、仏の身体と言葉と精神とが、互いに感応し合い、融け合って、無上の力を発揮するがゆえに、生けるこの身体のままで、大いなる悟りを得ることができる。

空海が『大日経』とともに尊崇した『金剛頂経《こんごうちょうきょう》』には、もっと過激な教えすら見られる。

世尊如来よ、我に教示し給へ。云何《いか》にしてか修行せむや。云何にしてか是れ真実なるや。是の如く説き已《おわ》りて一切如来異口同音に彼の菩薩に告げて言はく、善男子當《ま》さに自心を観察し、三摩地《さんまじ》に住して自性成就の真言を以て自ら恣《ほしいまま》に誦《じゅ》すべし。
唵《おん》　質多鉢囉底微騰迦嚕弭《しったはらちべいだんきゃろみ》

世にも尊きお方さま。わたしにご教示ください。どのように修行すればよいのですか。ほんとうのことを教えてください。

こう問われて、全宇宙のありとあらゆる如来たちは、異口同音に、こう答えた。「信仰深き者よ。みずからの心をありのままに観察し、瞑想の境地に入って、悟りへとみちびく真言を、好きなだけ唱えなさい」

オーン　我、（菩提）心に通達す

つまり、大乗仏教が悟りの条件としてもとめる無限に近い利他行の集積は、『金剛頂経』が説く「通達菩提心真言」、すなわち「オーン、我、（菩提）心に通達す」という真言を、好きなだけ唱えることで、代替できるというのである。とすれば、真言には、利他行の無限集積という、ほとんど無限大の困難さを肩代わりできる機能がそなわっていることになる。

これを知れば、空海が「真言は不思議なり。観誦すれば無明を除く。一字に千理を含み、即身に法如を証す」と主張した理由も、十二分に理解できる。

第二章　聖なる呪文の実践

――虚空蔵求聞持法と阿閦三十二尊曼荼羅瞑想法

日本とチベットの代表例

修行において、聖なる呪文はどう使われるのか。その実例を日本密教とチベット密教から、代表的な事例をご紹介したい。

日本密教からは、若き日の弘法大師空海が実践し、密教に開眼するきっかけとなったことで名高い虚空蔵《こくうぞう》求聞持法《ぐもんじほう》をとりあげる。とりあげる理由は、この修法が、密教界に限らず、仏教界全般において、かなりよく実践されつづけてきたからである。

空海を祖とあおぐ真言の僧侶たちにとって、必須の修行となっただけではない。仏典を読破するために絶大な記憶力の獲得をめざした者たちが、宗派を問わず、こぞっていどんだ。たとえば、真言宗を「真言亡国」と口を極めて非難した日蓮ですら、いまだ若きころ、仏教者として出発するにあたっては、「日本第一の智者となさしめ給へ」と祈願して、まずこの虚空蔵求聞持法を実践しているほどである。

虚空蔵求聞持法をとりあげる理由は、別にもある。というより、つぎに述べる理由のほうが、むしろ大きいくらいだ。この修法ほど、聖なる呪文が秘める機能をあきらかにできる事例は、他に見出しがたいのである。

聖なる呪文が重視されてきたことは、チベット密教でもなんら変わらない。たとえば、ゲルク派が最高の密教と評価する「秘密集会《ひみつしゅうえ》タントラ聖者流」の註釈書として名高い『金剛鬘《こんごうまん》タントラ（ダイアモンド（仏の永遠不壊の真理）の花輪）』の第六十四章には、理想のラマ（僧侶）の資格について、つぎのように規定されている。

- 息災法（災いを消し去る密教修法）に巧みなこと
- 真言と瑜伽《ゆが》（ヨーガ）の儀軌《ぎき》（詳細な方法）に通暁していること
- 戒律を守っていること
- 布施に熱心なこと
- 忍辱《にんにく》、すなわち苦難や迫害に耐える力が勝れていること
- 昼も夜も観想に精進していること
- 智慧をもって、あらゆる事柄を観察できること

これだけではまだ十分とはいえないだろうから、より具体的な事例として、ダライ・ラマを最高指導者とあおぎ、チベット密教の正統派を自認するゲルク派の開祖、ツォンカパの著作『吉祥秘密集会成就法清浄瑜伽次第』から、その中核を占める阿閦《あしゅく》三十二尊曼荼羅瞑想法をとりあげたい。

この修法をとりあげる理由は、この修法こそ、チベット密教が伝承してきた高度な瞑想法の典型例であり、チベット密教において聖なる呪文がどのようにつかわれてきたか、如実に教えてくれるからである。

虚空蔵求聞持法とは何か

空海にとって、虚空蔵求聞持法との出会いは、まさに密教との出会いにほかならなかった。最近では、空海が唐への留学をこころざした本当の理由は、虚空蔵求聞持法を実践したときに得られた神秘体験の意味をあきらかにすることだったのではないか、という説も提唱されている（武内孝善『弘法大師空海の研究』）。

一族の期待を一身にになって大学に入学したものの、入学してみれば、学ぶ内容は陳腐きわまりない。しかも、いくら富裕とはいえ、地方豪族にすぎない出自では、大学を出て立身したところで、中級官僚になるくらいがせいぜいで、つまるところ藤原氏のような大権力者につかえて、その走狗になるしかなかった。

結局、嫌気がさして大学を辞し、放浪の旅に出る。そのとき、いまとなっては誰とも知れぬ一沙《しゃ》門《もん》（修行者）に虚空蔵求聞持法を伝授されたのである。したがって、虚空蔵求聞持法こそ、空海の一生を決定し、ひいては日本密教のその後を決定した大事だったことになる。

では、虚空蔵求聞持法とは、いったいどのような修法なのか。

虚空蔵求聞持法は、インドから中国に『大日経』系統の密教をもたらした善《ぜん》無《む》畏《い》三蔵《さんぞう》（六三六〜

七三五）が、サンスクリット（梵語《ぼんご》）原本から漢訳した『虚空蔵菩薩能満諸願最勝心陀羅尼求聞持《こくうぞうぼさつのうまんしょがんさいしょうしんだらにぐもんじ》法《ほう》』という経典にもとづいて実践される密教修法である。この経典そのものはインドで六世紀ころに成立し、唐の開元五年（七一七）に漢訳され、おそらくはその後まもなく、唐に留学していた三論宗の道慈《どうじ》（?～七四四）という僧侶によって日本へ持ち帰られたらしい。

日本では、道慈から善議《ぜんぎ》（七二九～八一二）へ、さらに勤操《ごんぞう》（七五四～八二七）へと伝承され、この勤操から空海へ、虚空蔵求聞持法は伝えられたという説もある。もし、この説が正しいとすれば、勤操こそはかの一沙門という結論になるが、つよい反論もあって、真偽はさだかではない。

この道慈→善議→勤操という系譜は、大安寺を拠点とする三論宗《さんろんしゅう》の正統である。だから、三論宗の正統が虚空蔵求聞持法の唯一の伝承系統かというと、じつはそうではない。三論宗とともに奈良時代の仏教の二大学派を形成していた、元興寺《がんごうじ》を拠点とする法相宗《ほっそうしゅう》でも、虚空蔵求聞持法は伝承されていた。その代表的な人物が、奈良時代の前半、吉野山において山林修行に励んでいたといわれる神叡《しんえい》（?～七三七）だった。ようするに、虚空蔵求聞持法は、宗派の違いをこえて奈良時代の仏教界にひろく実践されていたのである。

この点は注意が必要だ。なぜなら、ともすると空海をはじめ、ごくわずかな人だけが虚空蔵求聞持法を実践していたと思われがちだからだ。もちろん、秘法なので、おいそれと受け継げるはずがなかったとはいえ、奈良時代の仏教界では、虚空蔵求聞持法はいまわたしたちが想像するほど希少ではなかった。むしろその逆に、思いのほかポピュラーだった事実を知らなければならない。おそらく、密教的な山林修行をこころざす者にとっては、いわゆるイニシエーションに近い位置づけだったのかもしれない。

後年、空海が密教に目覚めたきっかけになったゆえに、さらには空海自身がその旨を書き残したゆえに、密教界では、虚空蔵求聞持法はもともとっていた価値よりも、ずっと高い価値をあたえられた。しかし、しつこいようだが、虚空蔵求聞持法は、空海だけが実践したのではない。空海もまた、実践したのである。空海は当時の仏教界の、いわば流行にしたがって、虚空蔵求聞持法を実践した。それは、けっして空海だけに特別なことではなかった。この事実を忘れてはならない。

ただし、空海が実践したことで、密教修法中に虚空蔵求聞持法が占める地位が飛躍的な高まったのは、疑いようのない事実である。逆にいえば、もし仮に空海が実践していなければ、虚空蔵求聞持法は後世まで伝承されなかった可能性もないではない。

さらに後世になると、虚空蔵求聞持法は特別な修法として実践されることになる。真言密教の寺院のなかに、女犯や公金の横領など、戒律を破った僧侶を制裁するために、「晴行《せいぎょう》」と称して、この修法の実践が強要された事例が見出せるのである。「晴行」は精行とも誓行とも、あるいは清行とも書かれ、立て前は自発的な懺悔の行だったが、実際には懲罰を目的とする強制的な行だった。

制裁のための修法に虚空蔵求聞持法がえらばれた理由は、ひとえに修法実践の苛酷さにあったようだ。現に、修法中に死ぬ者も少なくなかった事実があきらかになっている（櫛田良洪『真言密教成立過程の研究』）。

求聞持法

虚空蔵求聞持法は、その名称がしめすとおり、「虚空蔵」菩薩を本尊として、「聞持」すなわち記憶力（の向上）を「求」める秘「法」である。

なぜ、仏教にとって記憶力がそれほど重要なのか。理由は簡単だ。コピーはもちろん、さまざまな記憶媒体が利用できる現代とちがい、その種の媒体がほとんどなかったからである。

利用できた記憶媒体は文字だけである。その文字も印刷技術が未発達だったから、手書きにたよるしかなかった。だから、おいそれと手に入るはずがなかった。まして正確に記された仏典はすこぶる貴重なもので、所有するのはもとより、読むことすら容易ではなかった。

そもそも、仏典の伝承は、どの仏典もその冒頭に「如是我聞」、つまり「わたしはこのように聞きました」と書かれているように、口から耳へ、耳から口へという口承伝承だった。文字化されたのは、早くともブッダの入滅から三百年後のことである。『法華経』をはじめ、いろいろな仏典に、仏典の書写がたいそうな功徳とたたえられているのは、それくらい仏典の流通がいかに少なかったかを如実に物語っている。

ようするに、ほとんどの場合、記憶力がほぼ唯一の記憶媒体だったのだ。となれば、記憶力を鍛えあげるしかない。これこそ、「求聞持法」が開発されたゆえんにほかならない。

インドでは古くから聖なる呪文をもちいて、記憶力の向上をはかる秘法が発達していた。なぜ、聖なる呪文をもちいて、記憶力の向上をはかったのかといえば、第一章で指摘したとおり、聖なる呪文には記憶力を向上させる機能があるとみなされていたからである。

おまけに、密教において真言とか陀羅尼とよばれる特別な呪文には、ただたんに記憶力を飛躍的に向上させるだけでなく、大乗仏教の根本原理すら体得させる機能があると考えられていた。この点も無視できない。空海が仏教に生涯をささげる覚悟を決めた理由も、虚空蔵求聞持法を実践した結果、記憶力が向上しただけでなく、深い智恵や神秘の領域に目覚めたゆえだったのかもしれない。

虚空蔵菩薩

『虚空蔵菩薩能満諸願最勝心陀羅尼求聞持法』は、以上に述べた路線にしたがい、かつこの経典が成立する以前に開発されていたもろもろの方法を網羅して、記憶にまつわる修法を最終的な完成にみちびくかたちで登場した。経典の規模としてはごく小さく、『大日経』や『金剛頂経』などの本格的な密教経典とは比べるべきもない。いわゆる雑密《ぞうみつ》（大日如来出現以前の初期の密教）経典のひとつである。

現在に伝わる虚空蔵求聞持法は、十二世紀の前半のころまでに確立されたとみなされている。典拠となる『虚空蔵菩薩能満諸願最勝心陀羅尼求聞持法』にもとづきながらも、ほかの密教修法と同じく、経典に説かれている以外の要素もとりいれて、ずいぶん複雑な内容となっている。いいかえれば、若き日の空海が実践した内容とはかなり異なっていることになる。

空海がこの秘法を一沙門から学んだとき、経典のとおりか、もしくは経典のなかで絶対に必要と判断した部分だけをえらんで、実践したにちがいない。なにしろ、空海が虚空蔵求聞持法を実践した場所は、四国の阿波の大滝嶽や土佐の室戸崎である。完備した道場があろうはずもなかった。著書の『三教指帰《さんごうしいき》』の記述によれば、空海は大自然のただなかで虚空蔵求聞持法を実践し、その果てに明けの明星が口に飛び込むという霊異を体験して、この秘法を成就している。

虚空蔵菩薩は、古代インドの公式言語だったサンスクリットでは「アキャシャ・ガルバ」という。アキャシャは虚空を意味する。ガルバは子宮あるいは母胎を意味するが、サンスクリットから中国語に翻訳されたとき、ほとんどの場合、ガルバは「蔵」と意訳された。たとえば、天地の関係ゆえに、虚空蔵菩薩とペアになる地蔵菩薩の原名は「クシティ・ガルバ」といい、この場合もガルバは「蔵」と訳されている。

虚空蔵菩薩は、その名がしめすとおり、虚空のごとく、無限にして無辺、同時に全宇宙にあまねく、福徳と智恵とを蔵する菩薩といわれる。虚空蔵菩薩の功徳を説く経典は、五世紀の初めには、インドから中国にもたらされ漢訳されているので、この菩薩が密教が台頭する以前からあがめられてい

虚空蔵菩薩

たことは疑えない。

その容姿は、若々しい半裸のうえに真っ白な衣を身にまとっている。さらに、美しい瓔珞《ようらく》（ネックレス）を身につけ、頭上に高く豪華な冠をいただく。衣に清浄無垢な白をもちいる理由は、一説にこの菩薩が明星に化身する場合があるからだという。空海が四国において虚空蔵求聞持法を実践したとき、その最後に明星が空海の口に飛び込んで、みごと修行を成就したと伝えられるのは、この点と符合する。

ところが、まことに不可解な事実がある。生まれ故郷のインドにおいて、虚空蔵菩薩の単独像は確認されていないのである。現時点で虚空蔵菩薩と推定できる作例は、ことごとく八大菩薩もしくは十大菩薩のなかの一体というかたちに限られている。しかも、制作年代も八世紀以降の、密教がひじょうに盛んになった時期に限られている。密教美術の宝庫とされるチベットには、ギャンツェのペンコルチューデ仏塔に、十五世紀初頭に描かれた単独像があるが、作例はけっして多くない。つまり、インドでもチベットでも、あまり人気がなかったらしい。

そもそも、虚空蔵菩薩には、「これが虚空蔵菩薩だ！」というような、形態上の特徴が見当たらない。おおむね『大日経』などの記述にもとづいて、宝剣あるいは宝珠を手にすることをもって、この菩薩と判定してきたが、困ったことに、宝剣は文殊菩薩や普賢菩薩もよく手にするし、宝珠は地蔵菩薩も手にするので、決定的な証拠にはならない。性格的にも、無限無辺の福徳と智恵をつかさどるとされるものの、やや曖昧である。観音菩薩の慈悲、文殊菩薩の智恵、普賢菩薩の修行のような、明確な性格はもちあわせていない。つまり、虚空蔵菩薩には、これという決め手がないのである。起源についても、またいかなるいきさつで仏教に入って菩薩となったのかもわかっていない。ようするにその名のごとく、まるで空をつかむかような存在なのである。このようになにかにつけて曖昧模糊な虚空蔵菩薩が、日本の宗教史上に、その名を大きくとどめてきたゆえんは、空海がこの菩薩を本尊とする虚空蔵求聞持法を成就し、密教に開眼するきっかけになったこと以外にもとめようがない。

陀羅尼を百万遍

経典の説くところによれば、まず最初にみずから虚空蔵菩薩の画像を布か紙のうえに描かなければならない。次いで、その画像を閑静な場所をえらんで掛け、ようやく修行がはじまる。密教が確固たる教団として成立してからのちは、画像を堂内に安置して、そこを求聞持堂と称し、この修法専用にもちいる事例が多かったようだ。しかし、空海の記述を読むかぎり、そんなことはしていない。山中なり洞窟の中なり、自分で良いと思ったところに、画像を掛けるのがせいぜいだったろう。

そして、陀羅尼をこう唱える。

ナウボ　アキャシャ　キャラバヤ　オン　アリ　キャマリ　ボリ　ソワカ

なお、この発音はかなり訛っているというか、変容しているというか、とにかく六世紀のインドから、距離的にも時間的にも、へだたってしまったせいで、本来の発音からはそうとうに違ってしまっている。本来なら、発音は以下のようになるはずである。

ナマー　アーキャーシャガルバーヤ　オーン　マーリ　カマリ　マーウリ　スヴァーハ

華鬘蓮華冠《けまんれんげかん》をかぶる虚空蔵に帰依いたします　幸いあれ

もっとも、発音が本来と違ってしまっているからといって、効用が少なくなるとか無くなるというような話は耳にしない。そのわりには、歴史上、それぞれの流派が、発音の些細な違いをあげつらって、本家争いを演じた事例はけっこう多い。このあたりは、真言や陀羅尼につきまといがちな、摩訶不思議な現象といっていい。

ここで注目すべきは、この陀羅尼を読誦する回数が尋常ではないという点である。なんと百万遍も唱えつづけなければならない。じつは、この点にこそ、虚空蔵求聞持法の秘密がある。

この回数は絶対に守られなければならず、回数の変更はもとより、一遍でも足らなければ、無効になる。精魂込めて、集中力をかたときも切らさずに、百日間ないし五十日間で終わらなければならないのだから、修行者にかかる負担は凄まじいものになる。

仮に、百日間で百万遍となると、一日に一万遍。一時間あたり、約四百二十回弱。一分では約七回だから、陀羅尼一回を八・五秒くらいで唱えつづける必要がある。これは、二十四時間、まったく寝ないでの数字だ。

ただ、熟達した修行者が陀羅尼を唱えるスピードは、ふつうに予想されるよりはるかに速い。虚空蔵求聞持法の陀羅尼くらいだと、たぶん三～四秒以内で唱えることが可能だろうから、このペースだと一日あたり八時間から十時間、陀羅尼を唱えつづければよい計算になる。それでも、一日の三分の一以上の時間にわたって精神集中を、百日間ずっとたもたねばならないとしたら、これはひじょうに厳しい。

まして五十日間で百万遍となると、単純計算でも負担は二倍に跳ね上がる。となると、一日に十六時間から二十時間あまりも陀羅尼を唱える必要が出てくる。

史料によれば、五十日間で満行《まんこう》という規定が多かったようである。もし、五十日間で成就しようとしたら、これはもう想像を絶した状態が修行者をおとずれる。十日や二十日はなんとか過ごせても、修行の後半ともなれば、肉体の疲労だけでも過酷きわまりない状況に達する。まして、同一の陀羅尼をほぼ無限に近い回数にわたって唱えつづけていくのである。そこから生ずるだろう精神状態が、ともすれば常軌を逸したものになることは、想像にかたくない。

さきほど真言密教の寺院のなかには、虚空蔵求聞持法を破戒僧の「晴行」に利用した事例があると述べたが、その具体的な理由はこのあたりにもとめられる。

神秘体験

五十日間ないし百日間で、陀羅尼の読誦が百万遍に満ちたならば、牛蘇加持法《ぎゅうそかじほう》という秘密の行法をいとなむ。その日は日月蝕にあたることが条件とされている。

牛蘇加持法の「牛蘇」は、牛乳を煮詰めて製造した製品で、現代でいえばチーズかバター、もしくはコンデンスミルクのようなものらしい。古来、不老長寿の霊薬として、尊ばれてきた食材である。たしかに、栄養分はたっぷりあるから、身体には良いに決まっている。

とりわけ、修行で疲労困憊した身体には、ひじょうに効果的であろう。そういえば、ブッダが菩提樹のもとで悟りを開くにあたり、スジャータという娘からミルク粥をもらい、体力を回復してから、最後の瞑想に入ったという逸話がある。この牛蘇加持法も、もともと疲労困憊した修行者の体力を回復させるための栄養補給だった行為が、密教が好む神秘化の傾向に乗って、それらしく脚色された可能性もないではない。

次に、その牛蘇を銅製の器に入れ、密教寺院で護摩を焚くときにもちいる乳木《にゅうもく》をもって、その牛蘇をかき混ぜながら、例の陀羅尼を唱えていく。

その結果、牛蘇に気・煙・火のうち、いずれかの相が生じれば、そのとき求聞持法は成就されたとみなされ、神薬となった牛蘇を服用すれば、たちどころに抜群の記憶力を得て、かぎりない智恵を獲得できると経典は約束する。ちなみに、気・煙・火のうち、いずれかの相が生じれば……という記述は、ほかの雑密経典でもしばしば見受けられるから、なにも虚空蔵求聞持法にかぎったことではない。

もっとも、空海の場合、牛蘇加持法を実践した形跡は見当たらない。すでに指摘したように、修行の場が四国の山中あるいは海辺であったうえに、修法の整備も充分におこなわれていたわけではない時代のことだから、それも無理はない。

その代わりに、空海には口中に明星が飛び込むという神秘体験が生じ、このことをもって虚空蔵求聞持法はみごとに成就したという。この神秘体験に関しては、明星は虚空蔵菩薩の化身とみなす説が、南北朝時代に活動した曇摩蜜多《どんまみつた》（三五六～四四二）訳の『虚空蔵神咒経《こくうぞうしんじゅきょう》』などに書かれているので、典拠はある。

このように、牛蘇加持法抜きで虚空蔵求聞持法を成就できた空海の体験は、牛蘇加持法が、この行法の本質ではない事実を物語る。

古代インドの記憶力増大法には、大きく分けて、二種類あった。神秘的な薬物を生成して服用するタイプと、聖なる呪文が秘める機能によるタイプである。善無畏が中国に輸入した『虚空蔵菩薩能満諸願最勝心陀羅尼求聞持法』は、この二種類の記憶力増大法を統合したものと考えるべきだろう。

しかし、真の威力は、まちがいなく真言と陀羅尼のほうにあった。空海は、そのことを天才に特有の直観力で見抜いていたにちがいない。

阿閦三十二尊曼荼羅瞑想法

この阿閦三十二尊曼荼羅瞑想法という修法は、ツォンカパの『すべての部族にあまねく住する遍主金剛薩埵を近修の四加行によって悦ばせる秘密集会の清浄瑜伽成就方便次第と名付けるもの』、略称『吉祥秘密集会成就法清浄瑜伽次第』に説かれている。

このタイトルにあるように、この修法は「成就法」というカテゴリーに入る。「成就法」はサンスクリットではサーダナ、チベット語ではドゥプ・タプとよばれ、「あらかじめ選ばれ、眼前に顕現した本尊と一体になる行法」を意味する。

また、タイトルに登場する「秘密集会」は、サンスクリットではグヒヤサマージャ、チベット語ではサンワドゥパとよばれる尊格で、性行為まで修行に導入した後期密教に独特の秘密仏のひとつである。そもそも、「秘密集会」とは「悟りの秘密の集まり」を意味し、このタイトルを冠した『秘密集会タントラ』の本尊にほかならない。

このタントラは、後期密教の開始を告げる最重要の密教経典であり、ありとあらゆるタントラの王と尊崇されてきた。『吉祥秘密集会成就法清浄瑜伽次第』も『秘密集会タントラ』にもとづく修法と理解していただければ良い。

秘密集会には、文殊金剛・阿閦金剛・世自在（観世音）金剛の三種があり、ここでは阿閦金剛がえらばれている。阿閦金剛の「阿閦」は、「瞋（怒）りを克服した者」を意味するアクショービヤを漢字で音写した言葉であり、もともとは阿閦仏とよばれる仏となんらかのかかわりがあったともわれる。

阿閦仏は東方の妙喜世界の主宰者とされるが、起源はよくわからない。初期大乗仏教の時代にあがめられ、その後はすがたを消していたが、後期密教の初期に俄然、復活し、一時は大日如来にとってかわるほどの信仰を得た。日本密教では、金剛界曼荼羅に、東方の仏として登場するくらいで、信仰された形跡ははなはだ薄い。すがたは通常の如来と同じだが、身色が青い点が特徴になる。この身色は、阿閦金剛とも共通する。

全体では四九の次第（順序）から構成されるが、ここでは、聖なる呪文がもっとも重要な役割を演じる（二）～（四）の次第をとりあげて、チベット密教における修法の実態をご紹介したい。

とりあげる次第の主題は以下のとおりである。

（二）みずからが瞋金剛《しんこんごう》となり、教令輪身《きょうりょうりんしん》を生起する次第

（三）阿閦金剛の眷属である十体の忿怒尊を生成する次第
（四）障碍の魔をプルブで打ちのめす次第

これらの次第をとりあげた理由は、もちいられている聖なる呪文の意味が、全次第中でもっとも劇的なことにも求められる。とりわけ「障碍の魔をプルブで打ちのめす次第」に登場する「オーン　ガッ　ガッ　ガータヤ　ガータヤ」という真言は、「オーン　殺せ　殺せ　撃ち殺せ　撃ち殺せ」と翻訳できる。このとおり、他に例をなかなか見ないほど激越であり、チベット密教における聖なる呪文の深層をよくあらわしている。

なお、これらの次第は、ツォンカパによる原文だけでは理解がむずかしいので、まず最初に解説のかたちで、概要や難解な表現を説明し、そのあとで原文の現代語訳をしめすこととする。

みずからが瞋金剛となり、教令輪身を生成する次第

【目的】

本次第の課題は、さまざまな魔から、修行者自身を防護することにある。自分自身を防護することを「自防護」といい、修法の場を防護することを「他防護」という。ついで、自分自身をさらに霊的に防護することがおこなわれるが、これを「ヨーガ（瞑想）の防護」という。

そして、最後に、以上の世俗諦《せぞくたい》防護（未了義《みりょうぎ》防護）に対して、仏の真理をもってする「勝義諦《しょうぎたい》防護（了義防護）」がおこなわれて、すべての防護が完了する。

密教では、なんらかの宗教的行為を実施する場合、このように、まず自分自身を魔的な存在から防護するための手続きが必ずおこなわれる。もし、防護をかためることなしに、宗教的行為を実施すると、隙を生じ、魔的な存在につけ込まれる恐れが大きいからである。

なお、瞋金剛とは「怒れる仏」というほどの意味であり、具体的には、この曼荼羅瞑想法の本尊である阿閦金剛を指している。

【実践】

まず、こう瞑想しなさい。

ありとあらゆる存在の本質と原因と結果はどれも、その本質において何ら実体をもたないゆえに、空性《くうしょう》なのだと。

そして、わたしたちの通常の感覚や意識が把握している事物を否定し、物質的存在はことごとく曼荼羅であり、生きとし生けるもののすべては仏である、とみなして、次の真言を唱えなさい。

オーン　スヴァバーヴァ　シュッダ　サルヴァ　ダルマーハ　スヴァバーヴァ　シュッダハム

（オーン　一切の事物は本質において清浄なるがゆえに、わたしの本質もまた清浄である）

次いで、以下のように瞑想しなさい。

修行者の眼前の虚空に、パムの種字《しゅうじ》がある。

そのパムの種字のなかに毘首蓮華《びしゅれんげ》がある。

その毘首蓮華の中心から、アーハの種字が生まれる。

そのアーハの種字から、日輪が出現する。その日輪のうえに、黄色のブルームの種字が生まれる。

そのブルームの種字から、黄色い十輻輪が出現し、右回りに早い速度で廻転している。

その十輻輪のなかでは、ダイアモンドの光の雲でできた輪が十方に広がり、その中心にあたるところに二重蓮華があって、二重蓮華の上には月の座がある。

その月の座の周囲に八輻輪がある。

その八輻輪の、八つの先端部分から少し浮いた状態で、八つの毘首蓮華と日輪の座がある。


「種字」は種子とも書き、より正しくは種子字という。植物の種子と同じく、万物を生成する根本を意味する。密教の仏菩薩すべてに対し、一つずつこの種字が配当されている。具体的には、梵字（サンスクリット）を用いる。

密教瞑想では、まずこの種字を瞑想して、そこから仏菩薩の全体像を具体化していくのが順序になる。その理論上の背景には、文字あるいは発音の中にこそ、宇宙の森羅万象が凝縮されているとみなす、密教に特有の言語論がある。

「十輻輪」とは、水平方向に八本のスポークをもつ車輪（八輻輪）の中央（ハブ）のところに、さらに上下二本のスポークがついている車輪である。ようするに、自転車の片方の車輪をはずして水平にもち、ハブのところをつらぬく車軸をもって、ぐるぐると回転させているとイメージしていただければよい。

「二重蓮華」は「毘首蓮華」ともいい、上向きの花弁と下向きの花弁をもつ蓮華を意味する。なお、毘首はサンスクリットのヴァイシュヴァ（すべて／一切）の音写である。

次に、こう瞑想しなさい。

月の座の中央の上に、修行者自身が持金剛《じこんごう》となって坐している。

その身体の色は白。三つの顔をもち、正面は白く、右は黒く、左は赤い。腕は六本あり、右の三本の腕には金剛杵《こんごうしょ》・輪・蓮華を、左の三本の腕には鈴・宝・剣を、それぞれもっている。まばゆい光明を発する輪に囲まれるなど、仏の特徴である三十二相と八十種好を備えていてことに美しく、さまざまな宝物で造られた装飾を身につけ、いろいろな絹で織られた衣をまとっている。

そして、持金剛は、同じような姿の金剛界自在母《じざいも》（ヴァジュラダートゥヴィーシュヴァリー）に抱擁されている。

すなわち、修行者自身にほかならない持金剛と金剛界自在母は、ヤブ（男尊）とユム（女尊）として、性的ヨーガを実践している。

また、持金剛の心臓には、ジュニャーナサットヴァが宿っている。

さらに、修行者自身にほかならない持金剛の頭頂・喉・胸の三箇所には、三金剛の本性にほかならないオーンとアーフとフーンの三つの種字がある。

後期密教では、万物を生み出す根源的な存在、すなわち「本初仏（アーディブッダ）」が想定されている。この「本初仏」は、宗派により違いがあるが、ツォンカパは持金剛を「本初仏」とみなした。持金剛は、サンスクリットではヴァジュラダラ、チベット語ではドルジェチャンとよばれる。そのすがたは通常、金剛薩埵とほぼ同じく、一面二臂で、左右の手に金剛杵と金剛鈴をもつが、この次第では、三面六臂の、特別な容姿とされている。

三金剛とは、サマヤサットヴァ（約束の存在）・ジュニャーナサットヴァ（智的存在）・サマーディサットヴァ（三昧＝瞑想の存在）を意味する。それぞれ身体・言語・精神の本質を象徴する存在であり、密教の修法では仏のすがたとして瞑想され、図像でも仏のすがたとして描かれることもある。

次に、金剛界自在母と性的ヨーガを実践している持金剛の胸にあるフーンの種字が発する光明を操作して、十の忿怒尊《ふんぬそん》を配下として引き連れる阿閦金剛を、この場へお呼びしなさい。

光明が、持金剛、つまり修行者の頭頂の梵孔《ぼんこう》（ブラフマ孔）あるいは口から入って、体内のアヴァドゥーティ（中央脈管）を下り、金剛（男根）に至る。

その光明を、金剛からユムの蓮華（女陰）のなかに射出しなさい。

射出された光明は、ユムの蓮華のなかに溶融する。

溶融した光明は、ユムの子宮のなかで、十一の微細な滴（ビンドゥ／ティクレ）となる。

十一の微細な滴は、阿閦金剛と十の忿怒尊に変容し、数珠《じゅず》繋ぎになってユムの子宮のなかに宿る。

子宮のなかに出現した滴大の阿閦金剛の身体の色は黒。

三つの顔をもち、正面は黒く、右は白く、左は赤い。

腕は六本あり、持金剛と同じく、右の三本の腕には金剛杵・輪・蓮華を、左の三本の腕には鈴・宝・剣を、それぞれもっている。

修行者自身にほかならないヤブは、ユムの子宮のなかから、挿入した金剛（男根）で阿閦金剛を吸い上げ、アヴァドゥーティを通して胸に導き、「ヴァジュラ・ドゥリック（金剛をもつ者よ）」と唱えて、胸から外へ出しなさい。

外へ出ると、滴の大きさだった阿閦金剛は、瞬時に巨大化する。

さらに、阿閦金剛は無数の分身となり、ありとあらゆる世界に行って、仏としての作業をなさる。

とくに瞋《いか》りに満ちた者たちの瞋りを鎮め、解脱《げだつ》させ、彼らをみな阿閦仏にさせる。

次に、こう瞑想しなさい。

無数の変化身《へんげしん》（衆生救済のために、現実の身体をもつ仏）になっていた阿閦金剛を、一つに集め、ジュニャーナサットヴァと融合させて、修行者自身の身体のなかに導き入れなさい。

すると、月輪の座から変容した日輪の座のうえで、修行者自身が瞋れる阿閦金剛に変容する。

後期密教の霊的身体論によれば、頭頂に「梵孔」とよばれる穴があいていて、そこから、チベット語ではルン（風）とよばれる生命エネルギーが出入りする。

また、臍の穴から指四本ぶん下がったところから身体の内側へ入って、背骨の手前のあたりに、三本の脈管がある。中央はサンスクリットではアヴァドゥーティ、チベット語ではウマとよばれる太い脈管であり、その左右にはサンスクリットではララナーとラサナー、チベット語ではキャンマとロマとよばれるやや細い脈管がある。ララナーとラサナーは、その下端のところで内側に曲がりこみ、アヴァドゥーティの下端とつながっている。

これら三本の脈管は、アヴァドゥーティの上端は頭頂部まで、ララナーとラサナーの上端は眉間の下の鼻の奥のところまで延びている。同じく、アヴァドゥーティの下端は性器のところまで延びている。脈管の太さは、状況次第でいろいろと変わるが、アヴァドゥーティが十ミリ、ララナーとラサナーはその半分ほどという。色は通常は、アヴァドゥーティが青く、ララナーは白く、ラサナーは赤い。

そして、三本の脈管の途中に、霊肉の結節点にあたる輪（チャクラ）があり、そこで三本の脈管は堅く絡み合っていて、なにものも通れず、内部は真空とされる。修行者はこの結び目を解き放ち、生命エネルギーが自在に流通できるようにしなければならない。チャクラの数についてはいろいろな説があり、最低で四つ、ふつうは五から七つだが、それ以上という説もある。

このとき、修行者は、阿閦金剛と融合する。そのときの感覚は、ちょうど水に牛乳を混ぜるかのようだ、と伝承されている。

こうして、修行者自身が、瞋《しん》金剛となる。むろん、この瞋金剛は聖の極みとでもいうべき存在であり、いかなる邪悪な存在にも犯されることはない。

このときの阿閦金剛の身体の色は青である。

全体の印象は、忿怒と寂静《じゃくじょう》と貪欲《どんよく》が混じった印象がある。

正面の顔は青で、牙をむき出し、忿怒の表情をあらわす。

右の顔は白く、寂静の表情。左の顔は赤く、貪欲の表情である。

右の第一手に九鈷杵《くこしょ》をもっているほかは、ユムの子宮のなかにいたときの阿閦金剛と変わらない。

阿閦金剛、つまり修行者自身は、まばゆいばかりの光明のなかで、性的ヨーガを実践している。

持金剛の性的パートナーは金剛界自在母であったが、阿閦金剛の場合は触金剛女《しょくこんごうにょ》（スパルシャヴァジュラ）である。彼女は三つの顔と六本の腕をもち、身体の色は、阿閦金剛と同じく、青い。

この修行者自身にほかならない阿閦金剛は、サマヤサットヴァ・ジュニャーナサットヴァ・サマーディサットヴァの本質をすべて有している、と固く信じなさい。

阿閦金剛の配下である十体の忿怒尊を生成する次第

【目的】

本次第の目的は「他防護」である。「他防護」には、二つの段階があり、まず第一段階で邪悪なる障碍《しょうげ》の魔どもを滅尽し、第二段階で邪悪なる障碍の魔どもが再来しないようにバリヤーを築く。このうち、本次第では、第一段階の前半部分、すなわち邪悪なる障碍の魔どもを破滅するために、十体の忿怒尊《ふんぬそん》たちを生成することが課題となる。

持金剛、つまり修行者は、阿閦金剛の配下である十体の忿怒尊を次々に生成してゆく。忿怒尊は、日本密教の「明王《みょうおう》」にあたると考えていい。

いうまでもないことだが、生成された忿怒尊たちは、もとはといえば、修行者自身から生成されたのだから、かれらもまた修行者自身にほかならない。以下、登場する仏たちは、偉大な者も卑小な者も、みなすべて、修行者自身にほかならない。この点を、決して忘れてはならない。

【実践】

忿怒尊を生成する次第を、こう瞑想しなさい。

ヤブとユムが、性的ヨーガを実践している。もちろん、ヤブは、修行者自身である。ユムの子宮のなかに出現した滴大のヤマーンタカの身体の色は黒。三つの顔をもち、正面は黒く、右は白く、左は赤い。腕は六本あり、右の三本の腕には杖・輪・金剛杵を、左の三本の腕には羂索《けんさく》・鈴・斧を、それぞれもっている。そのうち、左の索をもつ腕を胸の前に掲げ、人差し指を立てて威嚇《いかく》を示す期剋印《きこくいん》（タルジャニー）をむすんでいる。

ヤブは、ユムの子宮のなかから、挿入した金剛でヤマーンタカを吸い上げ、アヴァドゥーティを通して胸に導き、「ヤマーンタクリタ（ヤマーンタカによってなされた）」と真言を唱えて、胸から外へ出しなさい。

そして、曼荼羅の八輻輪の東の先端のうえの指定された座に、右足を曲げ左足を伸ばしたかたちで、すわらせなさい。

以下、十忿怒尊を生成する次第は、基本的にまったく同じである。違うのは、唱えられる真言だけだ。このことは真言こそが最重要な地位を占めている事実を如実に物語っている。各忿怒尊の真言は、以下のとおりである。

プラジュナーンタカ　　　　プラジュナーンタクリタ

ハヤグリーヴァ
ヴィグナーンタカ
アチャラ
タッキーラージャ
ニーラダンダ
マハーバラ
ウシュニーシャチャクラヴァルティン
スムバラージャ

パドマーンタクリタ
ヴィグナーンタクリタ
アチャラクリタ
タッキーラージャクリタ
ニーラダンダクリタ
マハーバラクリタ
ウシュニーシャチャクラヴァルティンクリタ
スムバラージャクリタ

これらの十の忿怒尊たちの、髪は赤黄色で炎のように逆立ち、眉《まゆ》と髭《ひげ》も同じく赤黄色で燃え上がらんばかりである。

それぞれに三つある顔に、眼は三つずつあり、いずれも赤く血走ってまん丸い。口の上下左右に、四本の鋭い牙をむき出し、「ハッ、ハッ」と凶暴な声で喚《わめ》き散らしている。

怒りの形相凄じく、顔をしかめて、皺《しわ》や隈《くま》だらけである。

腹は大きく垂れ下がった太鼓腹で、さまざまな宝物で飾り付けた虎の生皮の裙《くん》（スカート）をつけている。

頭髪は無数の青い色の蛇で縛り付け、赤い色のタクシャカ龍の耳飾りや、色とりどりのクリカ龍の臂釧《ひせん》（肘飾り）や、白い蓮華の首飾りを身に付けている。

さらに、黄色い法螺貝《はらがい》製の腕輪をし、緑色のカルコタカ龍の肩掛けをし、甘露色のヴァスキ龍の帯を締め、白い大蓮華の足飾りを付けている。

そして、身体から生じた智慧《ちえ》の火を紅蓮《ぐれん》に燃え上がらせ、邪悪なる者たちを調伏《ちょうぶく》する姿で、曼荼羅に座を占めている、と瞑想しなさい。

障碍の魔をプルブで打ちのめす次第

【目的】

本次第の目的は、「他防護」第一段階の後半部分にあたり、前次第において生成した十体の忿怒尊たちを駆使して、邪悪なる障碍の魔どもを破滅することにある。そのときに用いられる霊的な武器は、チベット語でプルブと呼ばれる。プルブは鋭い楔《くさび》状の密教法具で、密教法具によくあるように、もともとは古代インドで使われていた武器の一種であり、サンスクリットではキーラと呼ばれる。

【実践】


まず、こう瞑想しなさい。

曼荼羅の下方にいるスムバラージャに、分身を生成させなさい。

分身として現れたスムバラージャを自分の前に呼び出し、坐らせなさい。

かれが「何をいたしましょうか」と尋ねたら、こう真言を唱えて、命令を下しなさい。

オーン　スムバ　ニスムバ　フーン（オーン　スムバよ　スムバよ　フーン）
グリフナ　グリフナ　フーン（捕らえよ　捕らえよ　フーン）
グリナーパヤ　グリナーパヤ　フーン（捕らえ来たれ　捕らえ来たれ　フーン）
アーナヤ　ホー（連れてこい　ホー）
バガヴァーン（世尊よ）
ヴィディヤーラージャ　フーン　パット（明王よ　フーン　パット）

こう真言を唱えて、スムバラージャに「障碍の魔どもを捕らえてこい」と命令すると、スムバラージャが右の腕にもっている金剛杵が、金剛鉤《こんごうこう》に変化する。

スムバラージャは、東・南・西・北・東南・西南・西北・東北・上方・下方の十の方位を支配する障碍の魔どもの王たちの心臓をその金剛鉤で引っかけ、首を羂索（ロープ）で縛って、連れてきて、方位別に十忿怒尊に引き渡す。

ここで、こう瞑想しなさい。

フーンの種字が十の方位各々の虚空にある。それが十の深い井戸穴に変容する。すると、十忿怒尊は障碍の魔どもの王たちを、各々その井戸穴の奥深くに封じ込めてしまう。

もし、上方と下方を支配する障碍の魔どもの王が手強くて、上方と下方の井戸穴に封じ込められない場合は、曼荼羅の東のいちばん外側と西のいちばん外側に拘置しておいてもかまわない。

次に、曼荼羅の上方にいるアムリタクンダリに、十体の分身を生成させなさい。分身として現れたアムリタクンダリを、修行者の前に呼び出し、坐らせなさい。彼らはさらに変身して、上半身はアムリタクンダリのままだが、臍から下は、独鈷杵《とっこしょ》に似た形態で、しかも火炎に包まれた十個のプルブとなる。

そこで、その十個のプルブが、東・南・西・北・東南・西南・西北・東北・上方・下方の順に、深い袋の中に封じ込められている障碍の魔どもの王たちの頭に突き刺さる、と瞑想しなさい。

今度は、さきほど出現させたスムバラージャに、アムリタクンダリが変化した十個のプルブをもたせなさい。そして、こう真言を唱えなさい。

オーン　ガッ　ガッ　ガータヤ　ガータヤ（オーン　殺せ　殺せ　撃ち殺せ　撃ち殺せ）
サルヴァ　ドゥシターン　パット　パット（あらゆる凶悪なる者たちを　パット　パット）
キーラヤ　キーラヤ　サルヴァパーパン　パット　パット（楔よ　楔よ　あらゆる邪悪なる者たちを　パット　パット）

フーン　フーン　フーン　ヴァジュラ　キーラヤ（フーン　フーン　フーン　金剛楔よ）
ヴァジュラダラ　アージュニャーパヤティ（持金剛の命令にしたがえ）
サルヴァヴィグナーナム　カーヤヴァークチッタ（あらゆる障碍の魔どもの身体と言葉と精神を）
ヴァジュラキーラヤ　フーン　フーン　フーン　パット　パット（金剛楔よ　フーン　フーン　フーン　パット　パット）

こう真言を唱えると、スムバラージャが手にもっていた金剛鉤が、真っ赤に燃え上がる金剛槌《こんごうつい》に変容する。

その金剛槌で十個のプルブの頭を叩いて、東・南・西・北・東南・西南・西北・東北・上方・下方の順に、井戸穴のなかに封じ込められている障碍の魔どもの王たちの頭頂から足の裏までを撃ちのめし、彼らの身体と言葉と精神の三つの活動を停止させなさい。

この作業が終わると、第二のスムバラージャは、曼荼羅の下方にいるもとのスムバラージャのなかに、再びもどり溶融する。

最後に、十忿怒尊たちの身体から生じて燃え上がる紅蓮の智慧の火と、金剛槌から真っ赤に燃え上がる火を、さらによく燃え上がらせて十方に向け、障碍の魔どもの配下を焼き尽くしなさい。

その結果、障碍の魔どもの王たちも、その配下も、ことごとく滅び去った、と瞑想しなさい。

光明真言

効験抜群の真言

真言密教界において、ありとあらゆる真言陀羅尼のうち、抜群の効験があるとされてきたのが、光明真言である。この真言は、『不空羂索神変真言経《ふくうけんじゃくじんぺんしんごんきょう》二十八灌頂真言成就品《かんじょうしんごうじょうじゅぼん》』および不空訳の『不空羂索経毘盧遮那仏大灌頂光明真言《びるしゃなぶつだいかんぢょうこうみょうしんごん》』に説かれている。

光明真言は、真言密教では大日如来の真言とされ、またありとあらゆる仏菩薩の「総呪《そうじゅ》」（つまりありとあらゆる仏菩薩に「通用する呪文」）ともみなされる。そして、ありとあらゆる真言のなかで、最高に霊的な力を秘めていると伝えられてきた。

この真言は、次のようにとなえる。

おん　あぼきゃ　べいろしゃなう　まかぼだら　まに　はんどま　じんばら　はらばりたや　うん

サンスクリットの原発音にもどすと、こうなる。

オーン　アーモガヴァイローチャナ　マハームドラー　マニ　パドマ　ジュヴァラ　プラヴァリタヤ　フーン

オーン　効験むなしからざる遍照の大印よ。宝珠と蓮華と光明の徳をもつものよ。転換させよ。フーム

明恵

光明真言を普及されるうえで、もっとも功績のあった人物の一人が明恵《みょうえ》（一一七三〜一二三二）である。明恵といえば、日本の宗教史上でも稀に見る清僧として知られている。いいかえれば、戒律をきちんと守った人物だった。たしかに、明恵は絶世の美男だったにもかかわらず、生涯をとおして童貞を守りつづけた。

僧侶としては、ごく当然のことだが、なぜ、こういうことがあえて話題になるのかというと、この時期の僧侶のほとんどが、戒律を守っていなかったからだ。一説には、当時の僧侶の八割が、実質的に妻帯していたという。

それどころか、最澄が書いたことになっていた『末法燈明記』という書物には、いまのような末世に、生涯にわたって童貞を守っているような僧侶は、じつは悪魔の化身とさえ述べられている。

むろん、この書物は偽書、つまり最澄が書いたというのは嘘だが、親鸞の妻帯はこの書物の影響という説もあって、このころは大きな権威をもって流通していたらしい。ようするに、それくらい当時の仏教界は堕落していた。

明恵はそういう時代の風潮にくみせず、本来あるべき僧侶としての生涯をまっとうしようとした。むろん、おのれひとりにとどまらず、仏教界全体にわたる戒律の復興に肝胆を砕いたことは、いうまでもない。また、釈迦にたいする思慕は、尋常ではなかった。二回もインドに行こうとしたものの、日本の神々の反対で挫折したことはよく知られている。また、故郷にほど近い島に恋慕して、恋文を書いたりと、そうとうに奇矯な行動も目立つ。

明恵の思想的な核心は華厳《けごん》思想にあったが、実践面では密教を重視した。こういう顕教（密教以前の大乗仏教）と密教の両立は、この当時は明恵に限らず、ごくふつうにおこなわれていた。ちなみに、こういう傾向は、インド仏教界でもチベット仏教界でも、ごくふつうに見られる。というより、大乗仏教が広まった地では、これが常識だったといえる。

明恵は密教の領域では、光明真言の読誦とその普及にきわめて熱心だった。

光明真言土砂加持

光明真言はさまざまな功徳があるとみなされていた。わけても、重い罪を滅し、死者の亡魂を励まして、あの世に無事に送り出す力があるといわれ、古来、日本の密教界ではひじょうに尊崇されてきたのである。明恵も『光明真言《こうみょうしんごん》土砂《どしゃ》勧信記《かんしんき》』を書き、光明真言を唱えて加持した土砂が、亡魂をあの世に無事送りとどける功徳を、庶民にもわかりやすく説いている。

　中世の宗教事情というと、極楽往生を願って、誰も彼もがただひたすら「南無阿弥陀仏」と念仏ばかり唱えていたような印象がある。しかし、実際には光明真言の読誦による救済も、大きなブームになっていた。また、やや時代をさかのぼるが、東寺の長者だった成尊《せいぞん》（一〇一二〜七四）は、社会の最下層にあって理不尽な差別にさらされ、ふつうではとうてい救われないとされていた人々も、月を阿弥陀如来として瞑想する「月輪観《がちりんかん》」によって、阿弥陀如来の来迎《らいごう》にあずかれると主張して、大きな支持を得ていた。歴史は、いまのわたしたちが思うほど、単純ではない。

　光明真言土砂加持は、『往生要集《おうじょうようしゅう》』をあらわして、日本の浄土信仰を決定づけた恵心僧都源信《えしんそうずげんしん》（九四七〜一〇一七）が、すでに実践していた。源信が看取りと往生をすみやかにすすめるために、実際的な組織として立ち上げた「二十五三昧会《にじゅうござんまいえ》」の会則といっていい「横川《よかわ》首楞厳院《しゅりょうごんいん》二十五三《にじゅうござん》昧《まい》起請《きしょう》」と「二十五三昧式」に、くわしく書かれている。

「横川首楞厳院二十五三昧起請」には、二つの大きな主題がある。臨終行儀《りんじゅうぎょうぎ》と埋葬儀礼である。その証拠に、十二箇条あるうちの、ちょうど半数にあたる六箇条が病人の看護と死後の埋葬儀礼にさかれている。

「横川首楞厳院二十五三昧起請」に臨終行儀が含まれていることに、なんら疑問の余地はない。もともと看取りの結社なのだから、当然の措置というしかない。

しかし、埋葬儀礼が含まれている点は、説明が必要になる。このことを考えるうえで注目すべきは、『往生要集』の「臨終行儀」は、念仏者の死後について、黙して語らないという事実である。

鎮魂抜きに浄土往生は不可能

「横川首楞厳院二十五三昧起請」には、結社の会員が死去した場合の処置が、すこぶる詳細に記されている。景観の良いところを選んで、安養廟を建てる。次いで、そこに卒塔婆を建てて、会員一同の墓所とするうんぬん、である。

会員が死去したときは、三日以内にこの廟所に葬る。その際、必ず光明真言土砂加持をおこなわなければならない。光明真言土砂加持とは、光明真言を唱えて加持した、すなわち聖化した土砂を、遺体の上にふりかけることを意味する。

さらに注目すべきは、葬儀のときに、死者を浄土往生に導くための行為である。「横川首楞厳院二十五三昧起請」に源信が注記した文章には、こうしたためられている。

結衆《けっしゅ》は悉《ことごと》く集まって安養廟《あんにょうびょう》に行き、まさに念仏を修して亡者を導くべし。念仏が畢《おわ》りて後、五体を地に投じて、おのおの尊霊を唱え、引導《いんどう》して極楽に往生せしむ。

つまり、源信の浄土教では、極楽往生するのは「尊霊」、すなわち鎮魂儀礼を終え、現世で犯したもろもろの罪汚れを浄化された死者の霊魂だというのである。じつは、『往生要集』は、いったい何が浄土へ往生するのか、明確には語っていない。それにたいし、「横川首楞厳院二十五三昧起請」は、死者の霊魂こそが、浄土へ往生すると、明確に語っている。

ただし、死者の霊魂は、死後すぐに浄土へ往生できるわけではない。日本浄土教の祖と仰がれる源信の認識でも、浄土への往生には、生前の念仏だけでは不十分で、死後に光明真言土砂加持という鎮魂の過程が不可欠だったのである。

この鎮魂という過程は、法然以降の浄土信仰では必要ないとみなされるようになる。しかし、明恵《みょうえ》をはじめ、密教系の僧侶たちは、光明真言土砂加持をながらくつづけた。たとえば、鎌倉時代の中後期、日蓮と対決したことで知られる真言律宗の忍性《にんしょう》たちは、真言律宗の僧侶だけにしかできない死者供養の秘法として、この光明真言土砂加持をおおいに喧伝した事実がわかっている。

土砂加持の「秘技」

ちなみに、光明真言土砂加持については、鎌倉時代の墓地を発掘調査した神奈川県立金沢文庫主任学芸員の西岡芳文氏がまことに興味深い事実をあきらかにしている。少なくとも、鎌倉中後期に、鎌倉市内で活動していた真言律宗の僧侶たちは、土砂加持にもちいる砂に水銀を混ぜる「秘技」をおこなっていたというのである。

水銀が混じる土砂をかけると、水銀の作用で、死後硬直を起こして固まっていた遺体が柔らかくなるという。結果的に、怖い形相もゆるんで、優しくなる。それを目の当たりにした当時の人々は、光明真言土砂加持の効験をつよく実感するとともに、これで死者が極楽往生することまちがいなし！　と思ったらしい。

こうして種明かしをされてしまうと、その意外さに驚かざるをえない。しかし、だからといって、光明真言土砂加持をあたまからインチキと決めつけるわけにもいかない。朱砂《すさ》、すなわち酸化水銀を、不老長寿の霊薬として、あるいは高い境地に到達した僧侶は死後も肉体は朽ちないという伝承にしたがって、死後も肉体をのこすための霊薬としてもちいる事例は古くは鑑真《がんじん》にもとめられ、空海も服用していた可能性があるので、それを転用したとも考えられる。いずれにせよ、いわゆる経験科学的に得た知見を、死者儀礼につかったのだろう。

もっとも、いったいいつごろから、土砂に水銀を混ぜる「秘技」がおこなわれるようになったのか、全然わからない。平安末期に編纂された『覚禅鈔《かくぜんしょう》』の「光明真言」記事には、水銀にまつわる情報は見出せない。源信や明恵がこの種の技術を駆使していたかどうかも、わからない。おそらく、源信や明恵ほどの高僧であれば、わざわざ水銀をもちいる必要はなかったと思われる。

第三章　仏菩薩たちの聖なる呪文

如来の呪文

◉釈迦牟尼如来

［しゃかむににょらい］

釈迦牟尼（シャーキャムニ＝釈迦族の尊者）如来は、あらためていうまでもなく、仏教の開祖である。出家前の名はガウタマ・シッダールタ（最高の牛・目的を成就した者）といい、むろん実在の人物であった。しかし、やがて神格化され、大乗仏教になると、たとえば『法華経』では「久遠実成《くおんじつじょう》」、つまり永遠不滅の存在とみなされるようになる。

『華厳経』では、釈迦牟尼如来を原型としつつも、その特性を極限まで拡大して毘盧遮那如来《びるしゃなにょらい》が登場する。毘盧遮那如来はいわば宇宙神ともいうべき存在であり、世界創造をおこなわない点をのぞけば、一神教の神に近い。

さらに密教になると、毘盧遮那如来のさらなる発展形として、大日《だいにち》如来があらわれる。大日如来は真理そのものを身体とする如来、すなわち法身《ほっしん》であり、究極の仏に位置づけられた。

その結果、釈迦牟尼如来は仏教の王座から退かざるをえなかったが、釈迦牟尼如来という存在そ

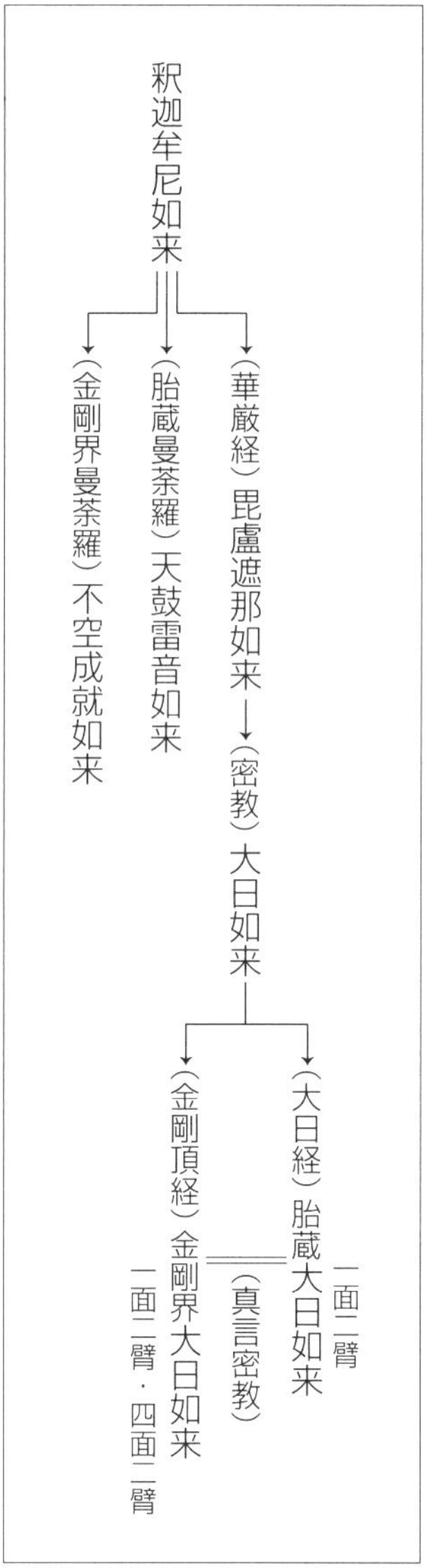

のものがまったく消去されたわけではない。その証拠に、胎蔵曼荼羅では、中央に坐す五仏の一人、天鼓雷音如来《てんくらいおんにょらい》と名を変えて描かれ、また釈迦院の主尊としても描かれる。金剛界曼荼羅《こんごうかいまんだら》でも、同じく五仏の一人、不空成就《ふくうじょうじゅ》如来と名を変えて描かれている。

とはいっても、密教以前の仏教に比べれば、釈迦牟尼如来の地位が低下したことは否めない。真言密教では、釈迦牟尼如来の本体は大日如来とされる。また、真言密教の儀軌《ぎき》を集成した『覚禅鈔』をひもとけば、「仏部《ぶつぶ》」の構成は両部大日・仏眼《ぶつげん》・薬師法・七仏薬師・阿弥陀・釈迦・光《こう》明真言《みょうしんごん》という順番になっていて、真言密教では釈迦牟尼如来がさほど重視されていなかった事実がわかる。

ちなみに、日本の如来彫像のうち、重要文化財以上に指定されている数は、阿弥陀・薬師・釈迦

釈迦牟尼如来

身色＝紫をおびた金

印＝転法輪印（説法印）

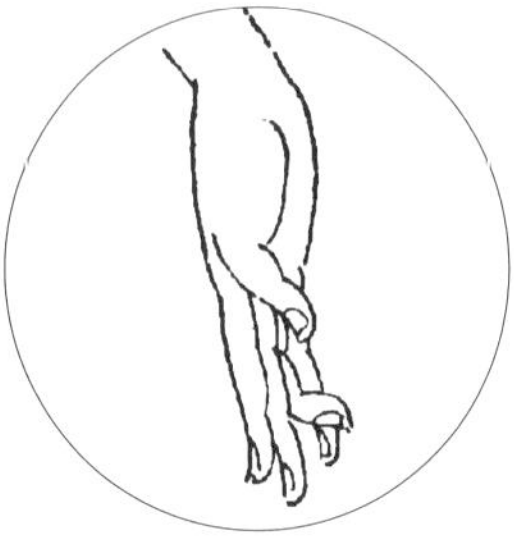

触地印

バク

の順番で、この数字からも、釈迦牟尼如来がさして重視されてこなかった事実がわかる。

以上のいきさつから、密教における釈迦牟尼如来の性格は多様だが、その一つに悪魔退治がある。その理由は、菩提樹のもとで悟りを開くにあたり、「触地印《そくぢいん》」といって、右手を垂らして地にふれ、悪魔の誘惑をしりぞけたという「降魔成道《ごうまじょうどう》」の伝承にもとめられる。

ただし、日本の密教図像では、「触地印」は胎蔵曼荼羅の天鼓雷音如来が結ぶ印契とされ、釈迦牟尼如来が結ぶ例は見当たらない。


【釈迦牟尼如来の真言（大呪＝長い真言）】＊玄法・青龍二軌の説

オーン　バー　サルヴァクレシャ　ニルスダナ　サルヴァダルマ　ヴァシタ　プラープタ　ガガナ　サマーサナ　スヴァーハー

おん　ば　さらばきりしゃ　にるそなう　さらばだるま　ばした　はらはた　ぎゃぎゃなう　さんまさんま　そわか

オーン　バー　諸仏に帰命いたします　一切の煩悩を砕き　一切の法に自在を得て　限りなく清浄無垢なことは　虚空に等しき者よ　幸いあれ

【釈迦牟尼如来の真言（小呪＝短い真言）】

ナマハ　サマンタ　ブッダーナーム　バフ

なうまく　さんまんだ　ぼだなん　ばく

あまねき諸仏に帰依いたします　バフ

◉不空成就如来〔ふくうじょうじゅにょらい〕

オーン　アーモガシッディ　アハ

おん　あぼきゃしっでぃ　あく

オーン　不空成就尊よ　アハ

不空成就如来

身色＝緑　印＝施無畏印

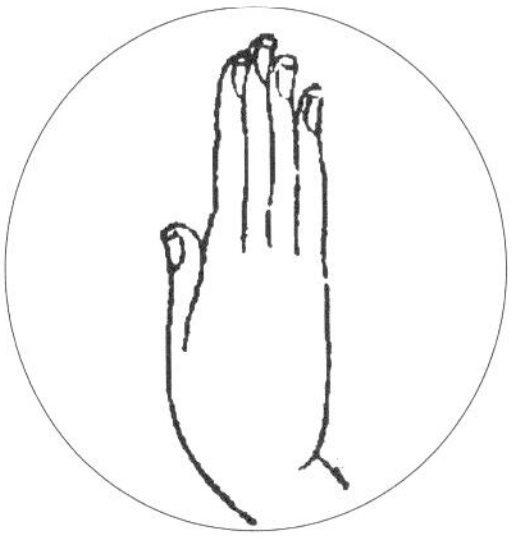

施無畏印

アク

天鼓雷音如来

身色＝金

印＝触地印

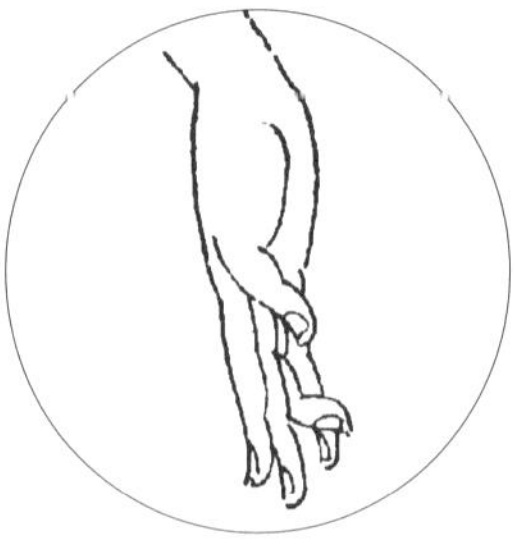

触地印

アク

◉天鼓雷音如来［てんくらいおんにょらい］

ナマハ　サンマンタ　ブッダーナーム　ハン　ハフ　スヴァーハー

なうまく　さんまんだ　ぼだなん　かん　かく　そわか

あまねき諸仏に帰依いたします　ハン　ハフ　幸いあれ

◉大日如来［だいにちにょらい］

大日如来は真言密教の本尊である。真言密教では「法身」、つまり真理そのものを身体とする究極の仏とみなされ、万物の根源に位置づけられる。真言密教は六〜七世紀ころのインド密教、すなわち中期密教を継承するので、この時期におけるインド密教の本尊にほかならないことになる。ところが、七世紀の後半以降に展開した、いわゆる後期密教では大日如来はもはや本尊とはみなされず、一時期は阿閦如来に、さらに時代がすすむと秘密集会（グヒヤ・サマージャ）やチャクラ・サンヴァラなどの秘密仏とよばれる仏たちにとってかわられるようになる。

なお、「法身」はひじょうに抽象性が高く、具体的な身体はもたない。わかりやすくいうと、さわれず、目に見ることもできない。それどころか、イメージすることすら不可能なはずである。したがって、絵画にしたり彫刻にしたりすることもできない。この点を厳格に守るチベット仏教では、大日如来を「法身」から一段格下げして「報身」にすることで、かろうじて絵画や彫刻に表現してきた歴史がある。「報身」は、かつて立てた衆生済度の誓願が成就したため、現在はその果報を享受しているという意味で、現実の身体を持っていないが、イメージできる仏である。ただ、日本の真言密教はそこまで厳格ではないので、「法身」という位置づけのままで、絵画や彫刻に表現してきた。

真言密教では、大日如来は二種類、想定されている。『大日経（大毘盧遮那成仏神変加持経《だいびるしゃなじょうぶつじんべんかじきょう》）』が説く胎蔵大日如来、ならびに『金剛頂経』が説く金剛界大日如来である。

そもそも、大日如来という呼称は、『大日経』がサンスクリットから漢訳されたとき、訳者の善《ぜん》無畏三蔵《むいさんぞう》と一行阿闍梨《いちぎょうあじゃり》が、原語の「マハー・ヴァイローチャナ（偉大なる光明）如来」を「大日如来」と訳出したことによる。「ヴァイローチャナ如来」は漢字で表記すれば「毘盧遮那如来」であり、もともとはご存じのとおり、『華厳経』の本尊であったが、中期密教が成立するにあたり、四方四仏を統合する存在として、その中尊となったらしい。

真言密教では、胎蔵大日如来と金剛界大日如来は同じ仏とみなされ、姿かたちもおおむね同じだが、両手にむすぶ印相は、胎蔵大日如来が瞑想を象徴する定印《じょういん》、金剛界大日如来が智恵を象徴する智拳印と、異なる。種字も、胎蔵大日如来が「ア」、金剛界大日如来が「ヴァン（バン）」と、異なる。

また、胎蔵大日如来が一面二臂なのにたいし、金剛界大日如来は四面二臂の場合もある。『金剛頂経』の記述を忠実に解釈すると、この如来はありとあらゆる空間にあまねく存在するはずであり、それを具体化すると、インド型の造型理論では、四方に顔を向けざるをえない。したがって、四面二臂になる。四面二臂の作例は、日本密教では、かつて法勝寺に安置されていたという記録がのこるものの、きわめて稀なのにたいし、チベット密教ではむしろ通例といっていい。

【胎蔵《たいぞう》大日如来の真言】

ナマハ　サマンタ　ブッダーナーム　ア　ヴィ　ラ　フーン　カン

なうまく　さんまんだ　ぼだなん　あびらうんけん

あまねき諸仏に帰依いたします　ア　ヴィ　ラ　フーン　カン

【金剛界《こんごうかい》大日如来の真言】

オーン　ヴァジュラ　ダートゥ　ヴァン

胎蔵大日如来

身色＝金

印＝定印

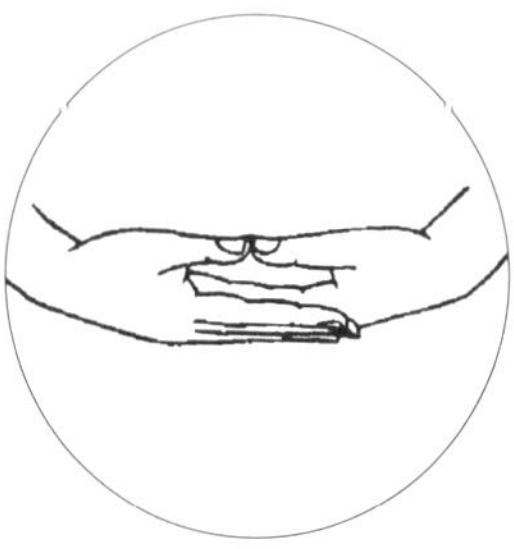

胎蔵大日如来の印（定印）

金剛界大日如来

身色＝白　印＝智拳印

智拳印

おん　ばざら　だと　ばん

オーン　金剛界　ヴァン

◉一字金輪［いちじきんりん］

一字金輪は一字頂輪王《いちじちょうりんおう》や金輪仏頂《ぶっちょう》ともよばれ、ボローン（ブルーン）という梵字一つだけを真言とするゆえに、もしくはありとあらゆる仏菩薩の功徳を一身にそなえるゆえに、この名があるという。すなわち最高の中の最高の仏にほかならない。釈迦金輪と大日金輪の二種があり、どんな願いもかなえてくれるが、それだけに扱いは慎重のうえにも慎重を要すると伝えられる。

ナマー　サマンタ　ブッダナーム　オーン　ブルーン

なうまく　さんまんだ　ぼだなん　おん　ぼろん

あまねき諸仏に帰依いたします　オーン　ブルーン

一字金輪

身色＝金　印＝智拳印

一字金輪の印

ボローン　ボローン

◉薬師如来［やくしにょらい］

薬師如来は、正しくは「薬師瑠璃光如来《やくしるりこうにょらい》」という。サンスクリットでは「バイシャジャ・グル・ヴァイドゥーリヤ・プラバ・ラージャ」とよばれる。バイシャジャは医薬、グルは先生もしくは教主を意味するので、バイシャジャ・グル「医薬の先生」、すなわち薬師。ヴァイドゥーリヤ（瑠璃）は七宝の一つで、青い色の宝玉をさすので、ヴァイドゥーリヤ・プラバは「青い色の宝玉から放たれる光」、すなわち瑠璃光を意味する。したがって、全体では、「医薬の先生（薬師）・瑠璃光（浄土）の王」という意味になる。

薬師如来は、日本ではたいへんよく信仰されてきた。その証拠に、重要文化財以上に指定されている如来像の数としては、阿弥陀如来に次いで、ナンバー2である。ちなみに、ナンバー3は釈迦如来である。

ところが、薬師如来の起源となると、よくわからない。そもそも薬師如来が登場する漢訳経典はわずか四種類しかない。さまざまな事実関係から推測すると、薬師如来にたいする信仰は、インド起源ではなかった可能性がある。密教の両部曼荼羅《りょうぶまんだら》に、薬師如来が登場しない理由も、インドでは信仰されていなかったせいなのかもしれない。

中国でも、薬師如来にたいする信仰はあまり盛んではなかったらしい。同じくチベットでも、医学に従事する人々を中心に信仰されてきたにとどまる。すなわち、日本における薬師如来信仰の隆盛はかなり例外的といっていい。

薬師如来の功徳は徹頭徹尾、現世利益である。如来のなかで、薬師如来ほど、現世利益に特化した例はほかにはない。現世利益の内容はもちろん、病気の人々を救い、その苦しみをとりのぞくことにある。では、なぜ薬師如来がそのような救いをつかさどることになったのか。その理由は、薬師如来が発した十二大願、とりわけ六番目の「諸根具足（すべての人々の心身を健康にしてあげよう）」と七番目の「除病安楽（すべての病気を治して安楽にしてあげよう）」にもとめられる。

日本へは朝鮮半島をへて伝来し、すで述べたとおり、他の地域に類例を見ないほど、あつく信仰された。そして、当初は病気平癒がおもな目的だったが、奈良末期から平安初期にかけては、また別の目的が浮上してくる。呪詛と怨霊対策である。呪いをはらい、死してなお生者に祟りつづける霊を鎮圧するために、あまたの薬師如来像が造立、修法がいとなまれた。

【薬師如来の真言（大呪）】

ナモー　バガヴァテ　バイシャジャヤ　グル　ヴァイドゥーリヤ　プラバー　ラージャーヤ
タターガターヤルハテ　サンミャク　サンブッダーヤ　タドゥ　ヤター　オーン　バイシャ
ジャヤ　バイシャジャヤ　バイシャジャヤ　サムドゥガター　スヴァーハー

薬師如来

身色＝紫をおびた金

薬壷と定印

法界定印

バイ

左手：薬壺
右手：施無畏印または与願印

なうばう　ばきゃばてい　ばいせいじゃ　ぐろ　ばいちょりや　はらばあ　らんじゃや　たーぎゃたや　あらかてい　さんみゃくさんぼだや　たにやた　おん　ばいせいぜい　ばいせいぜい　ばいせいじゃ　さんぼどぎゃてい　そわか

世尊　薬師瑠璃光王如来応供《おうぐ》正偏知《しょうへんち》に帰依いたします　当尊の呪を唱えれば　オーン薬に薬に　薬を生みます　幸いあれ

＊応供（供養されるにふさわしい者）と正偏知（歴史や時間の制約を超えた智恵の持ち主）はともに如来にたいする敬称。

【薬師如来の真言（小呪）】

オーン　フル　フル　チャンダーリー　マータンギー　スヴァーハー

おん　ころころ　せんだり　まとうぎ　そわか

オーン　除きたまえ　除きたまえ　チャンダーリーよ　マータンギーよ　幸いあれ

＊チャンダーリーとマータンギーは、インド階級社会では最低ランクに属する種族の女性であり、元来は非アーリヤ系の女神であったらしい。これらの名は『法華経』などにも登場し、危険視されていた存在をあえてとりこむことで、仏教の守護神に仕立てたと考えられている。

◉阿弥陀如来［あみだにょらい］

阿弥陀如来は日本仏教では極楽浄土の主として知られ、いちばん人気の高い如来といっていい。ところが、阿弥陀如来にたいする信仰は、インドでは盛んでなかったようである。なぜなら、確実に阿弥陀如来像であることがわかる作例は、たった一つしか見つかっていない。阿弥陀如来の出自については、ブッダにたいする信仰の延長線上に、救済者としての要素が極大化して誕生したとはいい切れない。近年では、西アジア由来の宗教から影響をうけた可能性も指摘されている。

教義からすると、阿弥陀如来は「報身《ほうしん》」に位置づけられる。先に述べたように、「報身」は、かつて立てた衆生済度の誓願が成就した結果、いまはその果報を享受しているという意味であるが、別の意味もある。イメージできて、絵に描き彫像に刻むことはできるものの、現実の身体はもっていない仏という意味だ。いいかえると、現実の身体をもっているのは、応身とされる釈迦牟尼如来だけである。つまり、阿弥陀如来は心のなかに思い描くことができ、また絵画や彫刻に表現できるが、実際にさわることはできない。この点は、同じ「報身」のカテゴリーに入る薬師如来などでも変わらない。

阿弥陀如来の「阿弥陀」は、サンスクリットで「無量《むりょう》の光明」を意味するアミターバ、もしくは「無量の寿命《じゅみょう》」を意味するアミターユスを、漢字で音写したものである。したがって、阿弥陀如来は「無量寿如来」とも「無量光如来」とも意訳できる。また、古代インド神話において、「（不死を約束する）

甘露《かんろ》」を意味するアムリタともかかわりがあり、「甘露王如来」という呼称もある。「無量光（アミターバ）」と「無量寿（アミターユス）」の関係もよくわからない。もともとは異なる尊格にたいする呼称だった可能性も否めない。現に、チベット仏教では、「無量光」と「無量寿」は、おのおの別の如来である。わたしたちが極楽浄土の主としてイメージしているタイプはもっぱら「無量光」のほうで、もう片方の「無量寿」のほうは、その名のとおり、不老長寿をつかさどる如来として、白ターラ菩薩や尊勝仏母とともに、「長寿三尊」の名のもとにまつられている。

真言密教における阿弥陀如来は、単独の仏としてではなく、いわゆる五仏の一つとして、両部曼荼羅の西方に位置する。真言密教の理論では、中央の大日如来がその本体であり、妙観察智《みょうかんざっち》（平等に見えるもの、共通に見えるもののなかにひそむ差異を正しく観察する智恵／全体のなかの部分を正しく観察する智恵）をつかさどる。

正直いって、真言密教では阿弥陀如来の地位はさして高くなかった。しかし、平安後期になると、極楽往生を願う信仰の高まりとともに、阿弥陀如来の地位も上昇する。覚鑁《かくばん》（一〇九五～一一四四）が、阿弥陀如来を大日如来の化身の一つに位置づけて、真言密教と阿弥陀信仰の融合を主導したからである。古来、もっとも効験あらたかな真言は、阿弥陀如来の「根本真言」とされてきた。この真言は、「甘露」もしくは「不死不滅」を意味する「アムリタ（あみりた）」を十回もくり返すので、「十甘露陀羅尼」ともよばれる。

ちなみに、平等院鳳凰堂にまつられている阿弥陀如来の胎内に納入された蓮台付きの月輪、すな

阿弥陀如来

身色＝金または赤

印＝定印

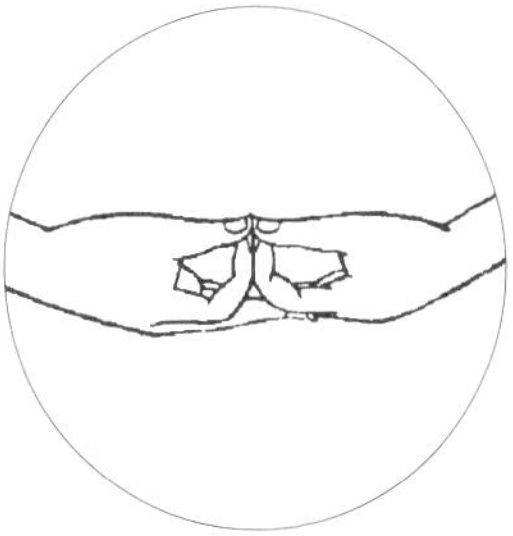

阿弥陀如来の印（定印）

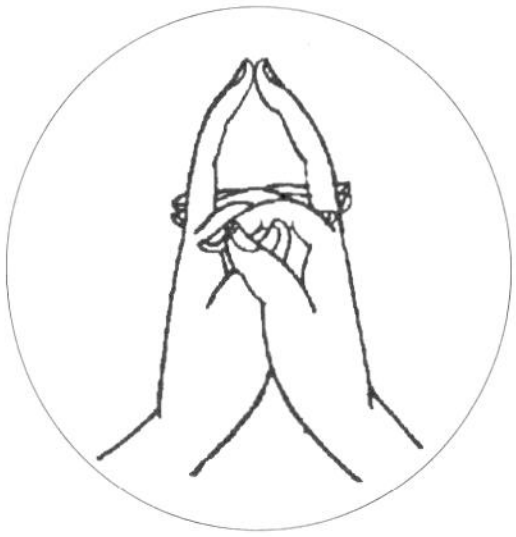

阿弥陀如来の印（根本印）

キリーク

わち満月をかたどり蓮の花の装飾をほどこした円形の豪華な台には、この根本真言が、梵字で書きこまれている。ただし、つづりに写しまちがいがある。どうやら、梵語に通じた専門家にたのんだのではなく、絵師あたりに手本をしめして、写させたようで、運筆そのものからして、かなりたどたどしい。時の最高権力者が依頼した仕事にもかかわらず、案外ずさんなところがあったらしい。

【阿弥陀如来の根本陀羅尼（十甘露陀羅尼）】

ナモー　ラトナトラヤーヤ　ナマ　アーリヤアミターバヤー　タターガタヤー　アルハテー　サンミャクサンブッダーヤ　タドヤター　オーン　アムリテー　アムリタウドゥバヴェー　アムリタサンヴェー　アムリタガルベー　アムリタシッディー　アムリタテージェー　アムリタヴィクラーンテー　アムリタヴィクラーンタギャミネー　アムリタガガネクリティカレー　アムリタドゥンドゥビスヴァレー　サルヴァアルターサーダネー　サルヴァカルマクレーシャクシャヤムカレー　スヴァーハー

なうぼう　あらたんなうとらやや　なうまく　ありやみたばや　たたぎゃたや　あらかていさんみゃくさんぼだや　たにゃた　おん　あみりてい　あみりとどばんべい　あみりた　さんばんべい　あみりた　ぎゃるべい　あみりた　しっでぃ　あみりた　ていせい　あみりた　び

きらんてぃ　あみりた　びきらんた　ぎゃみねい　あみりた　ぎゃぎゃなう　きちきゃれい
あみりた　どんどびそばれぃ　さらばらたさだねい　さらばきゃらまきれいしゃ　きしゃやう
きゃれい　そわか

仏法僧の三宝に帰依いたします　神聖なる無量光如来　供養されるにふさわしいお方（応供）
無上の正しい悟りを成就されたお方（正等覚《しょうとうがく》）に帰依いたします　オーン　甘露の王よ　甘露の体現者よ　甘露の創造者よ　甘露の所有者よ　甘露の成就者よ　甘露の威光をもつ者よ　甘露の遊戯者よ　甘露の遊行者よ　甘露の宣布者よ　甘露の大太鼓を打ち鳴らす者よ　ありとあらゆる真理の成就者よ　ありとあらゆる悪業悪因縁を除去する者よ　幸いあれ

【阿弥陀如来の真言（心真言＝根本陀羅尼の精髄を秘める真言・小呪）】

オーン　アムリタ　テジェ　ハラ　フーン

おん　あみりた　ていぜい　から　うん）

オーン　甘露（不滅）の威光ある者よ　救いたまえ　フーン

菩薩の真言

◉観自在（観世音）［かんじざい（かんぜおん）］

観自在菩薩は観音菩薩ともよばれ、文殊菩薩や弥勒菩薩とならんで、もっとも早くから仏典に登場してくる尊格である。その出自はきわめて古いとともに、複雑をきわめる。

大きく分けて二種類あり、早い時期から登場する一面二臂の聖観音《しょうかんのん》は顕教系、多面多臂の観音は密教系と考えてかまわない。多くの変化身をもつことでも知られ、日本では三十三変化にとどまるが、ネパールではなんと百八変化にもおよぶ。

代表的な例をあげると、聖観音・千手《せんじゅ》（千眼《せんげん》）・十一面・馬頭《ばとう》・白衣《びゃくえ》・如意輪・不空羂索・准胝《じゅんてい》・多羅・葉衣《ようえ》・青頸《しょうきょう》などがある。このうち、千手千眼をはじめ、多面多臂《ためんたひ》の観音は変化観音《へんげかんのん》ともよばれ、その出自はヒンドゥー教のシヴァ神はもとより、葉衣観音のように山岳部族の女神まで、さまざまある。

◉聖観音
［しょうかんのん］

聖観音

身色＝金・白肉色

左手…施願印など
右手…蓮華

聖観音の印

サ

真言は「蓮華部心三昧耶真言」、あるいは「蓮華母心呪」などともよばれる。

オーン　アーロリク　スヴァーハー

おん　あろりきゃ　そわか

オーン　蓮華をもつ者よ　幸いあれ

◉千手観音［せんじゅかんのん］

千手千眼観音は、シヴァ神とヴィシュヌ神から千手を、インドラ神から千眼を、おのおの受け継いでいる。

オーン　ヴァジュラダルマ　フリーヒ

おん　ばざら　たらま　きりーく

オーン　(ダイアモンドのごとき)永遠不滅の法をもつ者よ　フリーヒ

千手観音

身色＝金

千手観音の印

キリーク

十一面観音

身色＝白

左手：第1手／蓮華、第2手／瓶
右手：第1手／施無畏、第2手／念珠・瓔珞など

十一面観音の印

キャ

◉十一面観音 ［じゅういちめんかんのん］

十一面観音の出自は『法華経』の「観世音菩薩品（観音経）」にもとめられるが、不思議なことにインドにおける作例はきわめて少ない。

オーン　ローケーシュヴァララージャ　フリーヒ

おん　ろけしばら　らじゃ　きりーく

オーン　世自在王《せじざいおう》よ　フリーヒ

◉馬頭観音 ［ばとうかんのん］

馬頭観音は観音という名がつけられてはいるものの、むしろ明王のたぐいとみなしたほうがいい。現に馬頭明王という呼称もある。その面相は忿怒相、すなわち激しい怒りの形相をしめし、頭にかぶる宝冠に馬の姿が表現されているのが通例だ。馬頭観音の出自は、ヒンドゥー教においてシヴァ

馬頭観音

身色＝赤

一面二臂：2手／虚心合掌または蓮華合掌
一面二臂：右手／蓮華　左手／鉞斧

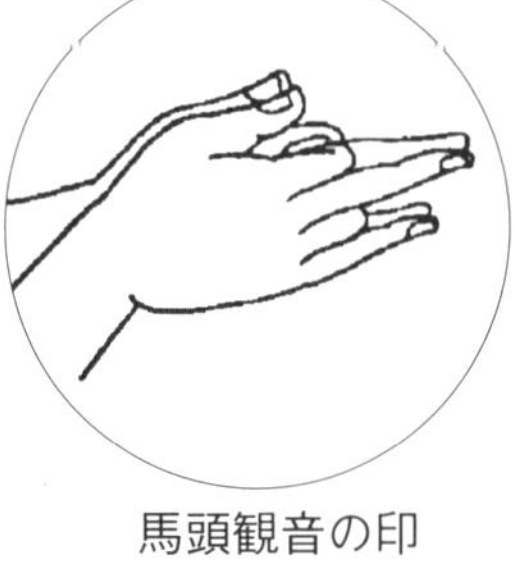

馬頭観音の印

カン　カン

神をしのぐ人気をもつヴィシュヌ神の化身にもとめられる。その原名「ハヤグリーヴァ」は、「馬の首をつけた者」を意味する。

仏教に帰依してからは、観音菩薩の化身の一つに位置づけられ、聖・十一面・千手・如意輪・不空羂索もしくは准胝とともに、「六観音」を構成してきた。六観音の「六」は「六道輪廻」を象徴

四面二臂：右手／如意宝珠　左手／蓮華
四面八臂：左右第１手／虚心合掌印または蓮華印
　　　　　右手／鉞斧・数珠・索
　　　　　左手／蓮華・瓶・棒

している。すなわち、地獄・餓鬼・畜生・修羅・人・天の六道における苦を、ことごとく救う観音菩薩という意味である。

オーン　アムリトドゥバーヴァ　フーン　パット　スヴァーハー

おん　あみりとどはんば　うん　はった　そわか

オーン　甘露の創造者よ　フーン　パット　幸いあれ

◉如意輪観音 ［にょいりんかんのん］

如意輪観音はどんな願いもかなえてくれるという如意宝珠の力を人格化した観音で、ヒンドゥー教に出自をもつ。日本の密教界では人気を博した尊格であり、いまにのこる尊像も多い。浄土真宗の開祖、親鸞が悩みに悩んで六角堂に参籠した際、聖徳太子の本体とされる如意輪観音の夢告をうけて、法然のもとをたずねたと伝えられる。

オーン　パドマ　チンターマニ　ジュヴァラ　フーン

如意輪観音

身色＝金

左手：光明山印・蓮華・輪宝
右手：思惟・如意宝珠・念珠

如意輪観音の印

キリーク

おん　はんどめい　しんだまに　じんばら　うん

オーン　蓮華　如意宝珠　光あれ　フーン

不空羂索観音

身色＝金

一面三眼八臂：２手合掌
左手：蓮花・白拂・与願印
右手：錫杖・羂索・与願印

モ　サ

三面三眼四臂：左手：蓮華・羂索
右手：数珠・澡瓶
★鹿革をまとう

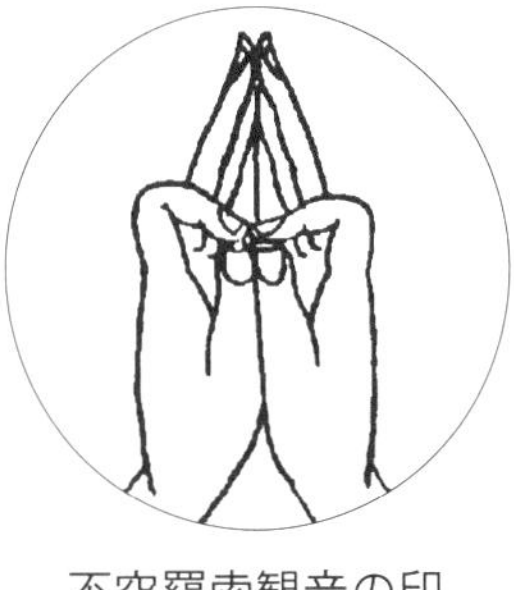

不空羂索観音の印

◉不空羂索観音

［ふくうけんじゃくかんのん］

不空羂索観音は観音がもつ大いなる慈悲のはたらきを狩人にたとえ、生きとし生けるものすべてを救ってくれる尊格として誕生したらしい。羂索つまり捕縛用の縄をもち、鹿皮を背にまとい、第三の眼をもつことから、シヴァ神との関係が推定されている。功徳はすこぶる広く、ありとあらゆる現世利益をもたらすという。

オーン　パドマ　ダラ　アーモガ　ジャヤニー　スル　スル　スヴァーハー

おん　はんどま　だら　あぼきゃ　じゃやにい　そろ　そろ　そわか

オーン　蓮華をもち間断なく敵を呪殺したまう者よ　消去したまえ　消去したまえ　幸いあれ

◉准胝観音［じゅんでいかんのん］

准胝観音は、インド密教においてチュンダー陀羅尼という聖なる呪文が人格化されたと考えられている。過去にあらわれた無数の諸仏の母とも伝えられる。除災・延命・除病・求児などの修法に本尊としてまつられてきた。

ナマハ　サプターナーム　サンミャク　サンブッダ　コティーナーム　タド　ヤター　オーン　チャレ　チューレ　チュンディ　スヴァーハー

准胝観音

身色＝黄白

一面十八臂：説法印
左手：如意宝珠・蓮花・澡罐・索・輪法・螺・賢瓶・般若波羅蜜経夾
右手：施無畏印・剣・数珠・子満果・鉞斧・鉤・金剛杵・宝鬘

准胝観音の印

ボ

なうまく　さたなん　さんみゃくさんぼだ　くちなん　たにゃた　おん　しゃれい　しゅれい
じゅんてぃ　そわか

帰依いたします　一切の正等覚《しょうとうがく》尊よ　言葉をもって申し上げます　オーン　遊行する者よ　高き髻《もとどり》をもつ者よ　清浄なる者よ　幸いあれ

◉白衣観音［びゃくえかんのん］

白衣観音は、きよらかな菩提心をつかさどるゆえに、純白の衣を身にまとう。また、菩提心こそ諸仏の慈悲の根源であるゆえに、観音部全体の母ともみなされる。星宿の支配者ともされ、星宿の異乱にかかわる兵乱や天変地異の際に、修法の本尊となる。

オーン　シュヴェーテー　シュヴェーテー　パーンダラ　ヴァーシニー　スヴァーハー

おん　しべいてい　しべいてい　はんだら　ばしに　そわか

オーン　白き光を放つ者よ　白き光を放つ者よ　純白の衣を着る者よ　幸いあれ

白衣観音

身色＝白

左手…蓮華
右手…揚掌印

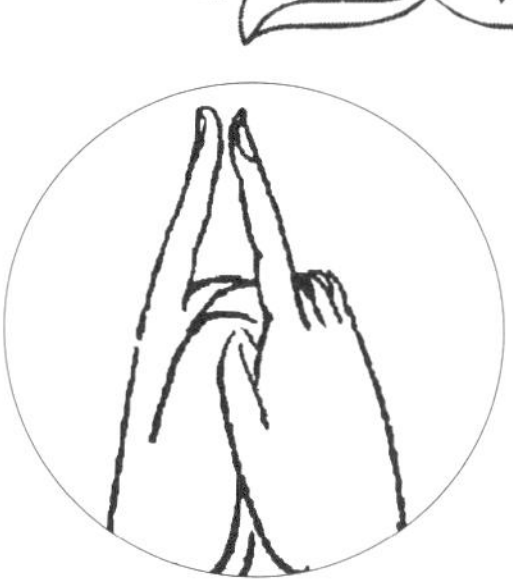

白衣観音の印

ハン　ハン

◉弥勒菩薩 ［みろくぼさつ］

弥勒菩薩は慈氏菩薩ともよばれ、原始仏典から登場し、釈迦如来に次いで成仏して衆生を救うという位置づけをされてきた。とりわけチベット仏教では、未来仏としてあつく信仰されてきた。中国仏教でも、弥勒がこの世に出現するという「弥勒下生《みろくげしょう》」信仰が大流行し、その指導者が「我こそは弥勒！」を称して、革命運動を展開し、実際に王朝を倒した事実もある。ところが、なぜか、日本仏教ではそういうことは起こらなかった。真言密教では、現世利益と縁が薄いせいか、さほど重視されず、滅罪の修法にまつられるくらいである。

ただし、空海が弥勒浄土（兜率天《とそつてん》）への往生をねがったという伝承があり、東京芸術大学には、弥勒仏が来迎するようすを描いた絵画（重要文化財）が所蔵されている。

オーン　マイトレーヤ　スヴァーハー

おん　まいたれや　そわか

オーン　弥勒尊よ　幸いあれ

弥勒菩薩

身色＝肉色

左手・・・施無畏印
右手・・・蓮花

弥勒菩薩の印

◉文殊菩薩［もんじゅぼさつ］

文殊菩薩は智恵をつかさどる存在として早い段階から仏教に登場したが、とりわけ真言密教では重視される。頭頂にむすばれた髻《もとどり》の数に対応して、一字・五字・六字・八字の種類がある。このうち、五字・六字・八字文殊は密教独特の文殊菩薩であり、顕教には登場しない。修法の目的は、一字文殊は増益、五字文殊は息災、六字文殊は滅罪と調伏（呪殺）、八字文殊は息災・延命・安産・安鎮（建築物の安全祈願）にくわえ調伏を、おのおの担当する。八字文殊法はもともとは天台密教系の修法だったが、のちには真言密教でもさかんにいとなまれるようになり、文殊法の中核を占めるにいたる。

五字文殊の真言

オーン　ア　ラ　パ　チャ　ナ

おん　あ　ら　は　しゃ　なう

オーン　ア（楽欲菩提）　ラ（不捨衆生）　パ（最高真理）　チャ（修習諸法）　ナ（無自性義）

五字文殊菩薩

身色＝金

左手：青蓮花、上に金剛杵
右手：経典または剣

五字文殊菩薩の印

一髻文殊菩薩

身色＝金

文字文殊の印

六字文殊菩薩

身色＝金

八字文殊菩薩

身色＝金

八字文殊の印

◉普賢菩薩 ［ふげんぼさつ］

普賢菩薩は修行をつかさどる菩薩として、早い時期から登場する。特に『法華経』では『法華経』信仰者を守護する存在として大きな役割を演じる。真言密教では滅罪や成仏を祈る修法の本尊としてまつられることが多い。また、普賢菩薩の、いわば特別版として、普賢《ふげん》延命《えんめい》菩薩《ぼさつ》が存在する。普賢延命菩薩は一面二十臂を通例として、一面四十臂という異説もある。

オーン　サマヤス　トゥヴァン

おん　さんまや　さとばん

オーン　あなたこそは悟りの境地なり

普賢菩薩

身色＝水精月色または
金色または肉色
左手：蓮花上に剣
右手：三業妙善印

アク

ウーン（ウン）

ウーン（ウン）

アン

アン

普賢三昧耶の印

普賢菩薩如意珠印

普賢延命菩薩

身色＝金

普賢延命菩薩の印

ユ　　ユク

◉普賢延命菩薩［ふげんえんめいぼさつ］

オーン　ヴァジュラユーセー　スヴァーハー

おん　ばざらゆせい　そわか

オーン　ダイアモンドのごとき寿命をつかさどる者よ　幸いあれ

◉虚空蔵菩薩［こくうぞうぼさつ］

虚空蔵菩薩は出自がよくわからず、謎の多い尊格である。しかし真言密教では、開祖の弘法大師空海がこの菩薩を本尊とする虚空蔵求聞持法《ぐもんじほう》をいとなみ、密教に開眼したことからことのほか尊崇されてきた。虚空のごとく、広大無辺の智恵と福徳をつかさどるとされ、無限大の記憶力を成就できるという求聞持法の本尊として名高い。

ナマー　アーキャーシャ　ガルバーヤ　オーン　アリカ　マリ　ムリ　スヴァーハー

虚空蔵菩薩

身色＝白または肉色

大虚空蔵印

タラーク

なうぼう　あきゃしゃぎゃらばや　おん　ありきゃ　まり　ぼり　そわか

帰依いたします　華鬘蓮華冠《けまんれんげかん》をかぶる虚空蔵尊よ　オーン　幸いあれ

◉地蔵菩薩［じぞうぼさつ］

地蔵菩薩は生まれ故郷のインドではさして目立たなかったが、東アジアでは地獄に堕ちた者をはじめ、六道輪廻《りくどうりんね》するすべての衆生を救ってくれるというので、絶大な人気を博した。また造型上ではインドでは長髪だったのにたいし、東アジアでは髪を剃って坊主頭に変わって、より親しみやすくなっている。その効能はきわめて広く、ありとあらゆる功徳を網羅し、延命を成就する延命地蔵もあらわれた。

オーン　ハ　ハ　ハ　ヴィシュマヤ　スヴァーハー

おん　か　か　か　びさんまえい　そわか

地蔵菩薩

身色＝肉色

カ

地蔵菩薩の印

オーン　ハ　ハ　ハ　希有なるお方よ　幸いあれ

◉般若菩薩［はんにゃぼさつ］

般若菩薩は智恵をつかさどる女神であり、般若仏母ともよばれる。『般若心経』の末尾にある「羯諦《ぎゃてい》、羯諦……」という陀羅尼はこの菩薩にささげられたものという説もある。

オーン　ディーヒ　シュリー　シュルティー　ヴィジャヤ　スヴァーハー

おん　じ　しりしゅろたびじゃえい　そわか

オーン　ディーヒ　神聖なる名の獲得者よ　幸いあれ

般若菩薩

身色＝白または金

般若菩薩の印

ヂク

第四章　明王と天部

明王

明王《みょうおう》の「明」は「（如来の聖なる）呪文」を意味する。したがって、明王とは「（如来の聖なる）呪文の王」という意味になる。つまり、如来に由来する威力抜群の呪文を駆使して、生きとし生けるものを救済する仏である。

また、この明王という呼称は、日本をはじめ、東アジアの密教界でのみ使われてきた歴史がある。日本とともにいまなお密教が活動しているチベットには、明王という呼び方をされる仏はいない。チベット密教の場合、怒りの形相凄まじい仏、すなわち忿怒尊《ふんぬそん》（トウォ）に二種類ある。護法尊（チューキョン）と守護尊（イダム）である。護法尊はヒンドゥー教からとりいれられた尊格で、役割は文字どおり仏教のガードマン。守護尊は仏菩薩が生きとし生けるものを救うために、あえて恐ろしい姿形に変身した存在なので、護法神とは格がまったく違う。真言密教の明王は、この守護尊にあたると考えていい。

空海が完成にみちびいた真言密教の理論では、仏教の究極の智恵は、大日如来を中心とする五人の如来、すなわち五智如来によってすべて網羅できる。さらに、この智恵は五人の菩薩と五人の明王によって行動にうつされ、実際的な救済がおこなわれる。

この場合、五智如来は自性輪身《じしょうりんしん》、五菩薩は正法輪身《しょうぼうりんしん》、五大明王は教令輪身《きょうりょうりんしん》とよばれる。「輪身」の「輪」は、もとはといえばスポークの付いた円盤状の武器で、仏教では人々の煩悩を打ち砕く力の象徴とされた。したがって、「輪身」とは、人々の煩悩を打ち砕く身体をもつ者を意味する。

この輪身に三種類ある。自性輪身は真理そのものを身体とする者、正法輪身は慈悲にもとづく救済活動をする者、教令輪身は強制力までつかって救済活動をする者だ。そして、これら三輪身が、時や場所、対象に応じ、もっとも適した輪身に、いわば変身して、生きとし生けるものすべてを救済すると密教は主張する。

真言密教では、五智如来《ごちにょらい》・五菩薩・五大明王の関係は、つぎのようになる。

自性輪身	正法輪身	教令輪身
大日如来	般若菩薩	不動明王
阿閦如来	金剛薩埵	降三世明王
宝生如来	金剛蔵王菩薩	軍荼利明王
阿弥陀如来	文殊菩薩	大威徳明王
不空成就如来	金剛牙菩薩	金剛夜叉明王

ライバルの天台密教では、真言密教の理論をそのまま受け入れるには抵抗があったらしく、金剛夜叉明王を、性格がよく似た烏枢沙摩明王《うすさまみょうおう》に入れ替えている。

◉不動明王［ふどうみょうおう］

日本の不動明王は、あとで説明するとおり、修法の目的は鎮護国家を目的とするタイプ、および個人的な祈願成就を目的とするタイプがあるものの、起源は一種類しかない。しかし、生まれ故郷のインドでは、不動明王は二種類あった。アチャラ（動かざるもの＝不動）とチャンダマハーローチャナ（恐ろしく、大いに怒れるもの）である。もっとも、サンスクリット（梵語）原典には、明王とか尊という尊称はつけられていない。時期的には、アチャラが六～七世紀に姿をあらわし、ややおくれてチャンダマハーローチャナが登場する。いずれにしても、インド大乗仏教が密教の方向に向かった時期のことといっていい。

このうち、アチャラという名称が、ヒンドゥー教の破壊神として有名なシヴァ神の別名の一つに見られる事実から、不動明王の出自はシヴァ神という説が有力になっている。造形的にも、虎皮裙《こひくん》（虎皮のパンツ）とか象皮（象の皮のマント）など、シヴァ神に特有の持物が不動明王にも見られることも、傍証の一つになる。ただし、現状ではこれで確定とまではいえないようだ。

日本の不動明王は、アチャラの系統に属している。理論的な根拠とされてきた文献は、『大日経』やおよびその注釈書にあたる『大日経疏《だいにちきょうしょ》』、あるいは『不空羂索観音経』である。そこでは本来は「不動如来使」とか「不動使者」とよばれていて、いわば「使いっ走り」という役割をあたえられていたが、真言密教では大日如来の化身とみなされ、ひじょうに高い地位を獲得した。その容貌は「大暴悪相」をしめし、左手に羂索、右手に剣をもつ。

とはいっても、アチャラとチャンダマハーローチャナが無関係だったわけではない。それは真言密教がとなえる不動明王真言（慈救呪）に、「のうまく・さまんだ・ばざらだん・せんだ（チャンダ）・まかろしゃだ（マハーローチャナ）……」というぐあいに、やや訛ったかたちで出てくる事実からもよくわかる。

日本に初めて不動明王をまねいたのは、弘法大師空海である。カラでの修行を終え、帰国にあたり、不動明王にかかわる経典の数々、さらには不動明王を本尊とする護摩焚きの子細を記したテキストの数々をもちかえった。いわば、不動明王信仰の理論と実践をまるごと輸入したのである。そのなかには当然、不動明王の姿形にまつわる情報も豊富に含まれ、やがて東寺講堂に、日本初の不動明王像として結実した。

この坐像は体軀充実して森厳重厚。色は青く、右手に剣、左手に羂索をもち、両眼をカッと見開いて、鎮護国家の本尊にふさわしい強大なパワーを感じさせる。まさに天下国家のための不動明王であり、世に「弘法大師様」、つまり「弘法大師スタイル」とよばれた。

いっぽう、空海は個人的な信仰対象としても、不動明王を、他の仏菩薩にもまして、あつくあがめた。そして、時代の変遷とともに、ふたたびもとの奴隷にもどって、主人の命令ならどんなことでもきく存在に変容していく。

たとえば、「両目を見開き上の歯で下唇をかみしめているタイプ」は、大日如来の化身という性格をあらわした事例で、空海が鎮護国家のヒーローに位置づけた不動明王。「両目が異なった方向を見て、上下左右に牙が出しているタイプ」は、古代インドの奴隷だった原初の姿にもどった事例で、個人的な護身を期待された不動明王である。

後者は「諸相不備」の、ようするに顔かたちが全然整っていない、醜悪な容貌の不動明王である。天下国家を鎮護するにふさわしい威厳を表面に出す不動明王とはちがって、額にしわを寄せ、まるでその筋の方が眼付けをするように目をしかめ、口をゆがめ、すこぶる醜くて怖い。牙を露出させるのも、奴隷の手入れの悪い乱ぐい歯を表現したものという説がある。また、このタイプは、右手にもつ剣に倶利伽羅大龍《くりからだいりゅう》（黒龍）がまとわりついている。いわゆるクリカラモンモンの原型である。わたしたちがよく目にする不動明王は、このタイプがいちばん多いかもしれない。

【一字呪《いちじしゅ》（種字の一字を真言とみなし、帰依の言葉を添えて誦する呪文）】

ナマハ　サマンタ　ヴァジュラーナーム　ハーン

なうまく　さんまんだ　ばざらだん　かん

不動明王

身色＝青（青黒）・黄・赤

不動明王の印（根本印）

カーン　カーン

帰依いたします　あまねきダイアモンドのごとき永遠不壊のお方に　ハーン

【慈救呪《じくしゅ》（慈悲の心をもって生きとし生けるものを救うための呪文）】

ナマハ　サマンタ　ヴァジュラナーム　チャンダ　マハーロシャナ　スポタヤ　フーン　トラット　ハーン　マーン

なうまく　さんまんだ　ばざらだん　せんだ　まかろしゃだ　そはたや　うん　たらた　かんまん

帰依いたします　あまねきダイアモンドのごとき永遠不壊のお方に　暴悪なる者よ　大いに怒れる者よ　破壊したまえ　怒りたまえ　障害を破砕したまえ　ハーン　マーン

◉降三世明王〔ごうざんぜみょうおう〕

降三世明王は五大明王のうちで不動明王とならんで起源が古い。くわしくは「三界の創造者の別名をもつシヴァ神を征服する者」という名をもつ。その容姿は三面三目八臂もしくは四面三目八臂。

尋常ならざる姿で、足下にシヴァ神とその妻のウマーを踏みつける。

降三世明王については、『金剛頂経』の「降三世品」に、こう書かれている。大自在天（シヴァ神）と、その妻の烏摩天后《うまてんこう》（ウマー）が、みずからの悪業ゆえに悶絶するような苦しみにさらされているにもかかわらず、あいかわらずブッダの教えを受け入れない。こうした事態に遭遇して、大日如来の直弟子たる金剛薩埵《こんごうさった》が最後の手段を行使する。

降三世明王に変身し、左足でシヴァ神の、右足でウマーの、それぞれ胸を踏みつけたまま、如来から教えていただいた真言を唱えると、シヴァ神はついに死んでしまう。そのとき、ブッダはシヴァ神を憐れんで、慈悲の真言をお唱えになった。すると、シヴァ神は三昧に入った。三昧に入ると、あらゆる苦しみが消失し、最後には解脱の境地に到達した。そして、怖畏《ふい》自在王如来応供《おうぐ》正等正《しょうとうしょう》覚《がく》と称する如来となった……。

早い話が、シヴァ神は金剛薩埵＝降三世明王によって殺され、新たに怖畏自在王如来として生まれ変わらされたのである。どこかで聞いたような論理で、危ないといえば、まことに危ない論理だが、大陸の熾烈極まりない宗教事情を考えれば、この種の発想が出てくることは必然だったようだ。

オーン　スンバ　ニスンバ　フーン　ヴァジュラ　フーン　パット

おん　すんば　にすんば　うん　ばざら　うん　はった

降三世明王

身色＝青黒・雨雲色

ウーン　ウーン

オーン　スンバ尊よ　ニスンバ尊よ　フーン　ダイアモンドのごとき永遠不壊のお方よ　フーン　破砕したまえ

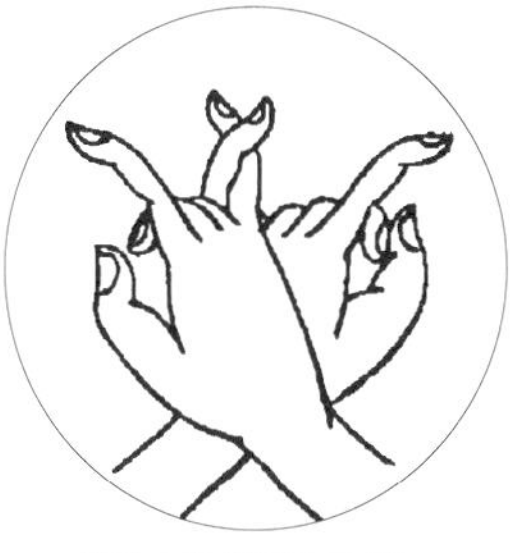

降三世明王の印

軍荼利明王

身色＝青・青蓮華色

ウーン

ウーン

軍荼利明王の印

◉軍荼利明王［ぐんだりみょうおう］

軍荼利明王は一面三目八臂。わからないことだらけの明王である。そもそも名前の軍荼利の意味がわからない。末尾の利（リ）だけはわかっていて、サンスクリットで「所有者」を意味する。一説には、軍荼を、サンスクリットで蛇を意味するクンダラと解釈して、「蛇をもつ者」とみなす。たしかに、この明王は身体に蛇をあまた絡みつかせている。別の説では、軍荼を、サンスクリットで甘露を意味するクンダと解釈して、「甘露をもたらす者」とみなす。

出自はヒンドゥー教の土俗神として知られるガネーシャ、すなわち聖天（歓喜天）との関係が推測されている。とはいっても、ガネーシャそのものではなく、反対にガネーシャを殺害する役割を演じる忿怒尊として、出現したと考えられている。

ガネーシャは別名をヴィグナ、つまり障礙といい、さまざまな障害を引き起こす厄介な悪神として、仏教ではいたく嫌われてきた。そこで、このヴィグナを呪殺する者が必要となり、あらたに誕生したのがヴィグナーンタカ（ヴィグナの殺害者）という忿怒尊だった。このヴィグナーンタカこそ、軍荼利明王の出自だった可能性がある。たしかに修法を開始するにあたり、聖天を排除するために、まずこの仏をまつる伝統があった。

オーン　アムリテー　フーン　パット

おん　あみりてい　うん　はった

オーン　甘露の尊よ　フーン　パット

◉大威徳明王［だいいとくみょうおう］

大威徳明王は六頭六臂六足、つまり六つの頭と六本の腕と六本の足をもち、水牛に乗る。日本の仏教界では、多面多臂の仏像はほかにもあるが、多足の例はこの仏しかなく、六足尊という呼び方もある。

サンスクリット（梵語）ではヤマーンタカともヴァジュラバイラヴァともいう。このうち、ヤマーンタカの「ヤマ」という言葉は、漢字で書けば「閻魔」。ヒンドゥー教における死の神にして冥界の主たるヤマ神のことだ。「タカ」は殺害者を意味するから、ヤマーンタカは「ヤマを殺す者」を意味する。それほど強力な仏ということだ。

いっぽう、ヴァジュラバイラヴァの「バイラヴァ」は、ヒンドゥー教の最高神の一人であるシヴァ神の凶暴な面を具現化したものとされる。つまり密教は、シヴァ神という最大の敵

大威徳明王

身色＝青黒

の、それも最も恐るべき面をみずからのなかにとりこんだうえで反転させ、ヒンドゥー教に対抗しようと試みたらしい。

日本の大威徳明王像は、水牛に乗っている。チベット密教ではもっと過激で、頭が水牛になっていて、どちらも水牛と関係が深い。

大威徳明王の印

キリーク

大威徳明王と水牛の関係については、ヒンドゥー教の神話に手がかりらしきものがある。ヤマがすこぶる恐ろしい相貌をもち、血のように赤い服を身にまとい、人間の生命を奪うために、手に矛と縄をもって、水牛に乗っていると語られているのである。

この事実から想像すると、大威徳明王は、死の神ヤマ（閻魔）の敵対者を名のりながら、その性格は死の神ヤマそのものだった可能性が否めない。日本でもチベットでも、大威徳明王は仏敵を調伏、すなわち呪殺する際の本尊としてまつられることが少なからずあった。この点も、大威徳明王=ヤマと考えれば、腑に落ちる。

オーン　シュチリーフ　カーラ　ルーパ　フーン　カン　スヴァーハ

おん　しゅちり　きゃらろは　うん　けん　そわか

オーン　シュチリーフ　黒色のお方よ　フーン　カン　幸いあれ

◉金剛夜叉明王 ［こんごうやしゃみょうおう］

金剛夜叉明王も情報がすこぶる少なく、出自がよくわからない。金剛夜叉を名のる菩薩は、

金剛夜叉明王

身色＝不明

金剛夜叉明王の印

ウーン
（フーン）

ウーン
（フーン）

十六大菩薩（金剛薩埵・金剛王菩薩・金剛愛菩薩・金剛喜菩薩・金剛賓菩薩・金剛光菩薩・金剛幢菩薩・金剛笑菩薩・金剛法菩薩・金剛利菩薩・金剛因菩薩・金剛語菩薩・金剛業菩薩・金剛護菩薩・金剛牙菩薩・金剛拳菩薩）のなかにいるので、この金剛夜叉菩薩が忿怒尊に変容を遂げた可能性はある。

真言密教では、過去・現在・未来にわたる悪をことごとく呑み尽くす力をもつとされる。そのゆえか、仏敵を呪殺するためにまつられることが多かったという。

その容姿は三面六臂。この明王の特徴は、なんといっても、その眼にある。正面の顔に、五つもの眼をもつのである。こういう例は、仏教界ひろしといえども、ほとんど見当たらない。せいぜい、胎蔵現図曼荼羅《たいぞうげんずまんだら》の地蔵院《じぞういん》に描かれる不空見菩薩《ふくうけんぼさつ》、および修験道の開祖、役行者の本体とされる法起《ほうき》菩薩《ぼさつ》くらいである。

では、なぜ、金剛夜叉明王が三面かといえば、胎蔵曼荼羅が三を構成原理としているからと説明されてきた。また、なぜ五眼かといえば、同じように、金剛界曼荼羅が五を構成原理としているからと説明されてきたが、どう考えても苦しまぎれの珍説、もしくは後知恵のたぐいにすぎず、ほんとうの理由はわからない。天台密教で烏枢沙摩《うすさま》明王《みょうおう》と同体とされてきたのも、金剛夜叉明王の情報が少ないことと無縁ではない。

オーン　ヴァジュラ　ヤクシャ　フーン

おん　ばざら　やきしゃ　うん

オーン　金剛夜叉よ　フーン

◉太元帥明王［たいげんすいみょうおう］

太元帥《だいげんすい》（大元帥）明王はサンスクリットではアータヴァカ、すなわち荒野鬼神大将とよばれ、その効験は他のいかなる仏菩薩や明王をもしのぐという。出自は荒野鬼神大将という呼称がしめすように、インド神話に登場する鬼神であり、あらゆる明王の総帥なるがゆえに、太元帥と尊称される。日本には唐から常暁《じょうぎょう》（?〜八六七）が請来したと伝えられる。

太元法（大元法）はこの明王を本尊とする修法で、個人的な祈願ではなく、国家の怨敵を調伏して宝寿無窮（天皇の寿命増大）と鎮護国家を祈る、秘法中の秘法として、伝承されてきた。そのためか、この明王をまつる壇は、調伏にふさわしく弓矢や羯摩《かつま》などの武器で埋め尽くされ、じつに異様な光景を呈する。古書には、平将門を調伏するために実践された記録が見える。（詳しくは「太元帥法」二一二ページ参照）

なお、太元帥明王の真言は解読されていない。

ナマス　タリーヒ　タブリーヒ　バラブリーヒ　シャキャメー　シャキャメー　トラサッダーン　オヤンヴィー　スヴァーハー

太元帥明王

身色＝青

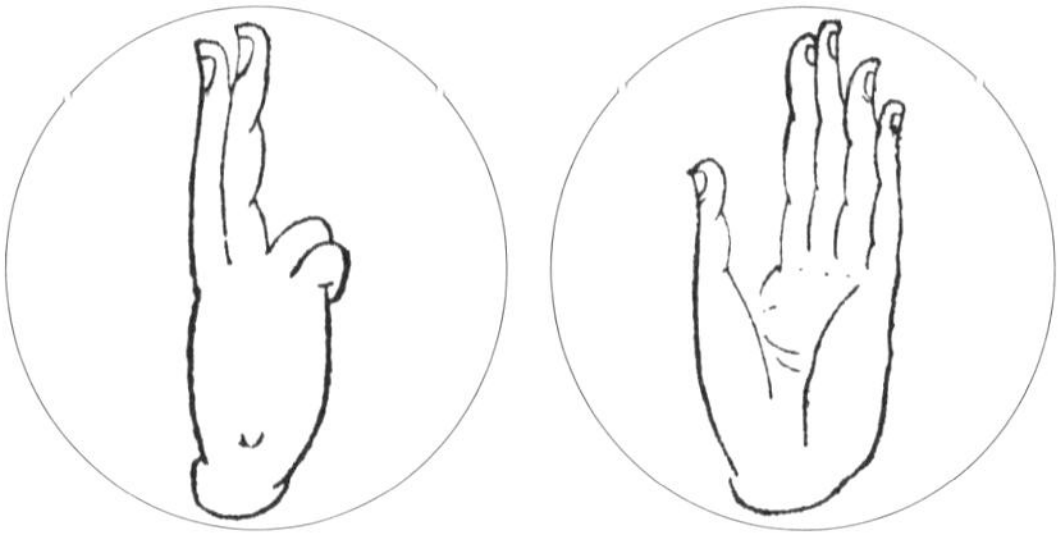

剣輪印

なうぼう　たり　たぼり　ばらぼり　しゃきんめい　しゃきんめい　たらさんたん　おえんび
そわか

ア　バン　バン

◉孔雀明王 ［くじゃくみょうおう］

孔雀明王は古代インドで孔雀が毒蛇の天敵とされたことから、ありとあらゆる毒類や恐怖や災難を滅してくれる尊格として誕生したと考えられる。もともとは女神だったが、日本の真言密教ではおおむね男性化する傾向がみとめられる。また明王とはいっても、忿怒相ではないため、菩薩のカテゴリーに入れている儀軌もある。孔雀経法は流派によっては最大最極の秘法とされ、とくに息災や祈雨、あるいは鎮護国家の修法としても盛んにいとなまれた。

オーン　マユーラー　クラーンテー　スヴァーハー

おん　まゆら　きらんでぃ　そわか

オーン　孔雀　最勝王《さいしょうおう》よ　幸いあれ

孔雀明王

身色＝白

孔雀明王の印

マ　ユ

◉愛染明王 ［あいぜんみょうおう］

愛染明王はその名のとおり、「煩悩即菩提」の理から、愛欲を浄化して悟りへみちびくほか、息災・敬愛・降伏の修法に本尊とされる。日本では絶大な人気を得たが、出自はよくわからない。そもそも、愛染明王にあたる尊格がサンスクリット文献には見当たらない。また、この明王を説く経典は漢訳本しかない。チベット密教において十忿怒尊を構成するタッキー・ラージャー説、あるいは中央アジア出自説があるものの、まだ確証は得られていない。

オーン　マハーラーガ　ヴァジュロシュニーシャ　ヴァジュラサットヴァ　ジャハ　フーン
ヴァン　ホーフ

おん　まからぎゃ　ばぞろうしゅにしゃ　ばざらさとば　じゃく　うん　ばん　こく

オーン　大愛染尊よ　金剛仏頂尊《こんごうぶっちょうそん》よ　金剛薩埵よ　消去したまえ　フーン　ヴァン　ホーフ

フーン　タッキー　フーン　ジャハ　フーン　シッディ

愛染明王

身色＝赤

ウーン
（フーン）

ウーン
（フーン）

愛染明王の印

うん　たき　うん　じゃく　うん　しっじ

フーン　タッキー尊よ　フーン　消去したまえ　フーン　成就したまえ

◉烏瑟娑摩明王［うすさまみょうおう］

烏瑟娑摩明王の「烏瑟娑摩（ウッチュシマ）」は混雑／錯乱を意味するとも、火頭を意味するともいう。出自は古代インドの火神らしい。烈火をもって不浄を浄化する明王として知られ、寺院のトイレでよくまつられている。トイレはただたんに不浄な場所にとどまらず、怨霊などの侵入経路と信じられていたので、この明王がまつられたようである。

オーン　クロダヤー　フーン　ジャハ　スヴァーハー

おん　くろだや　うん　じゃく　そわか

オーン　忿怒尊よ　フーン　消去したまえ　幸いあれ

烏瑟娑摩明王

身色＝赤・黒・青

ウーン　ウーン

烏瑟娑摩明王の印

天部

上杉謙信が崇めたことで有名な毘沙門天や財宝の女神として知られる弁財天（弁才天）のように、名前の末尾に「天」がつく仏は、その出自をたどれば、いずれもヒンドゥー教から仏教へ転身してきた者たちだ。

仏教は布教の手段として、インドの民衆に人気の高い神々を、かれらはヒンドゥー教はくだらない宗教なので見限り、高尚な仏教に移籍してきたのだという理屈をつけて、吸収した。仏たちを守護する役割の四天王も十二神将も聖天（歓喜天）も吉祥天も大黒天も梵天も帝釈天も、みなヒンドゥー教出身である。

天部《てんぶ》は出自が出自だけに、猛々しい性格の持ち主も少なくなかったが、日本に来ると、穏和な性格に変貌する傾向が見られる。破壊神シヴァにつかえていたダーキニー（荼枳尼天《だきにてん》）は、もとはといえば「血に飢えた女」と表現されるくらい、猛悪な性格だったのに、日本ではいつのまにか信仰者に幸福をもたらす女神に変身した。同じく、シヴァ神のもっとも猛悪な性格を受け継いだはずの大黒天も、日本に来るといたくおとなしくなり、日本神話の大国主命と発音が似ていたために習合し、財宝神に変貌を遂げてしまった。

◉毘沙門天〔びしゃもんてん〕

毘沙門天は呪文を数多く説くことで知られる『アタルヴァ・ヴェーダ』に、暗黒界に君臨する悪霊の首位として登場する。その後、ヒンドゥー教にとりこまれて財宝や福徳をつかさどる善神に変容し、ついで仏教に帰依し、四天王の一人として北方の守護神となったという。日本では軍神のイメージが濃いが、インドやチベットではむしろ財宝神の性格が濃い。ただし、日本でも財宝神としてもまつられる事例がないではない。

オーン　ヴァイシュラヴァナヤー　スヴァーハー

おん　べいしらまんだや　そわか

オーン　ヴィシュラヴァスの御子よ　幸いあれ

タッドゥ　ヤター　アッテー　タッテー　ヴァナッテー　アナデー　ナーディー　クンディー

毘沙門天

身色＝金・青黒

バイ

毘沙門天の印

スヴァーハー

あり　なり　となり　あなろ　なび　くなび

富裕なる者よ　曲芸する者よ　踊る者よ　火の神よ　歌の神よ　醜悪な歌の神よ　幸いあれ

◉韋駄天［いだてん］

俊足の理由

最近はあまり使われなくなってしまったが、かつて「韋駄天走り」という表現があった。韋駄天のように「足が速い」という意味である。この用例からわかるとおり、韋駄天は俊足の象徴として知られている。ただし、生まれ故郷のインドには、韋駄天が俊足という話はない。

韋駄天は、インドではスカンダとよばれていた。別名をカールティケーヤともいう。父親はヒンドゥー教の破壊神として名高いシヴァで、韋駄天は次男にあたる。母親については、いろいろな説がある。スカンダは、インド神話では、帝釈天に代わって、インド神軍の最高司令官に就任したことになっているが、転身先の仏教ではあまり高い地位は得られなかったようである。日本では、禅宗系寺院において、伽藍の守護神として、山門や本堂の前によくまつられている。

韋駄天

身色＝赤

オーン　ヴィドゥハティー　マハードゥホター　スヴァーハー

おん　いだでいた　もこでいた　そわか

オーン　うやうやしく奉れ　大いなる容姿のお方よ　幸いあれ

◉鬼子母神（訶梨帝母）［きしもじん（かりていも）］

鬼子母神はインドではハーリーティーとよばれていた。鬼子母神という名前は、その意訳で、音訳すると訶梨帝母になる。鬼子母神はもちろんヒンドゥー教出身だが、ヒンドゥー教であつく信仰された形跡はない。むしろ、仏教に移籍してから有名になったようだ。とりわけ、日本では仏教を代表する女神になった。

その原因はひとえに『法華経』にあった。『法華経』の「陀羅尼品」において、鬼子母神は自分の子供たちや配下をひきつれ、十人の羅刹女とともに、『法華経』を信仰する者を擁護し、『法華経』を広める者が誹謗中傷されないようにつとめることを、ブッダに誓っている。日本史上、もっとも人気を博してきた仏典は『法華経』である。その『法華経』に登場するのだから、鬼子母神の人気

鬼子母神

身色＝白紅

ウーン　ウーン　ロ

鬼子母神の印

が高まるのも当然といっていい。

オーン　ドゥドゥマーリ　ハーリテー　スヴァーハー

おん　どどまり　かきてい　そわか

オーン　青い鬘《かずら》の首飾りをする鬼子母神よ　幸いあれ

（オーン　前額の鳴る鬼子母神よ　幸いあれ）

◉歓喜天（聖天）［かんぎてん（しょうてん）］

日本で歓喜天、もしくは聖天とよばれる神は、生まれ故郷のインドではガネーシャガナパティともヴィナーヤカともヴィグナともよばれていた。インド神話では、シヴァ神とその妻のパールヴァティとのあいだに生まれた長男とされているが、実際にはヒンドゥー教がひろまる以前にあった非アーリア系の、いいかえればドラヴィダ系の民俗神だったらしい。

こういう出自のためか、ヒンドゥー教では当初、さまざまな障害をもたらす悪鬼たちの首領として、ひじょうに恐れられていたようだ。しかし、時とともに性格を変え、ついに当初とはまったく

歓喜天

身色＝赤黄・白肉色

ギャク

歓喜天の印

逆に、悪鬼たちの跳梁跋扈を抑え、人々に幸福をもたらす財宝神に変身を遂げた。
インドではいまでも祭祀をいとなむ前に、必ずガネーシャをまつる。理由は、すでに述べたとおり、この神が祭祀をさまたげる存在をしりぞける力があると信じられているためだ。真言密教でも、修行や儀礼をさまたげる存在を排除するために、聖天をまつる伝統がある。たとえば、真言密教にとって最大の儀礼とされる後七日御修法《ごしちにちのみしゅほう》では、執行の場となる宮中真言院の西北に、聖天をまつる聖天壇がきずかれる規定になっている。

オーン　フリーヒ　ガハ　フーン　スヴァーハー

おん　きりく　ぎゃく　うん　そわか

オーン　フリーヒ　ガハ　フーン　幸いあれ

◉摩利支天［まりしてん］

摩利支天という名前は、サンスクリット（梵語《ぼんご》）の「マーリーチー」という言葉を、漢字で音写したものである。陽炎《かげろう》を神格化した女神であり、起源はヒンドゥー教の太陽神、スーリヤとかかわるとみなされている。
陽炎が神格化された理由は、つねに太陽の前にありながら、その姿を誰も見ることができず、また水に溺れさせることも火で焼くこともできないからだとされる。日本ではおもに武士たちの間で尊崇されたが、そのわけはこの女神が神出鬼没にして、不死身とみなされたからである。戦国時代の忍者が摩利支天を尊崇した理由も、「隠形」といって、自分の姿形や気配を消し去る修法にかかわっていた。たしかに、平安末期に成立した覚禅鈔などの密教の儀礼集には、摩利支天を尊崇する効能の第一として、まず「隠形《おんぎょう》」をあげている。

ナマハ　サマンタ　ブッダナーム　オーン　マーリーチーヤ　スヴァーハー

なうまく　さんまんだ　ぼだなん　おん　まりしえい　そわか

帰依《きえ》いたします　あまねき諸仏に　オーン　摩利支天に　幸いあれ

摩利支天

身色＝秋月色・深黄・紫金・金

マ

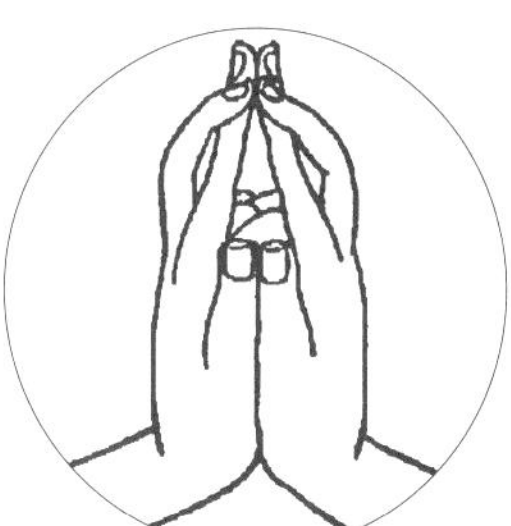

摩利支天の印

◉閻魔天［えんまてん］

閻魔天の「閻魔」という言葉は、インド神界において死の国を支配する「ヤマ」という神の名前を、漢字で音写したものである。なにしろ死の国の主というので、ヤマには恐ろしいイメージがあるが、じつは最初から恐ろしい存在だったわけではない。なぜなら、古代インドでは当初、死者は楽園に行くと信じられていたからだ。楽園の主ならば、なにも恐れる必要はない。ところが、次第に死者は、楽園ではなく、地獄に行くとみなされるようになる。

死者の国が地獄化するとともに、ヤマもまた、おおきく性格を変えた。というより、立身出世を果たした。正義の権化として、罪人を裁き、刑罰をあたえる「法王（ダルマ・ラージャ）」になったのである。

このヤマが中国に伝わると閻魔天となり、さらに立身出世を遂げ、死者を裁くとされる十人の王の最高位に君臨することになる。時代的には、唐中期から宋初期である。十人の王は「十王」とよばれ、初七日から三回忌までに、左の表のように配された。むろん、この種の信仰は、純粋な仏教とはいいがたい。むしろ、そのころ西域から流入していたマニ教、中国生まれの道教など、さまざまな宗教や習俗がまじりあったところに成立したと考えたほうが正しい。

重要な事実は、八世紀の後半あたりで、閻魔天が地蔵菩薩とかたくむすびつけられた点だ。つまり、閻魔天＝地蔵菩薩という信仰があらたに誕生したのである。その背景には、地蔵菩薩がわざわざ地獄まで足をはこび、苦しみにさいなまれる亡者を救ってくれる唯一の仏菩薩と信じられていたことがあったようだ。

この点は、日本に来てからも変わらない。日本の中世を支配した武士は、はっきりいって、人殺しがなりわいである。ようするに、人を殺してなんぼ、である。したがって、阿弥陀如来によっては救われがたく、地獄堕ちは避けられないとみなされた。となれば、地獄まで来て救ってくれるという地蔵菩薩にすがるしかない。かくして、その地蔵菩薩と同体とされる閻魔天にたいする信仰が盛んになるのは、もはや必定だったといっていい。

ナマハ　サマンタ　ブッダナーム　ヤマーヤ　スヴァーハー

なうまく　さんまんだ　ぼだなん　やまや　そわか

本地	審理
不動明王	初七日（7日目・6日後）
釈迦如来	二七日（14日目・13日後）
文殊菩薩	三七日（21日目・20日後）
普賢菩薩	四七日（28日目・27日後）
地蔵菩薩	五七日（35日目・34日後）
弥勒菩薩	六七日（42日目・41日後）
薬師如来	七七日（49日目・48日後）
観音菩薩	百か日（100日目・99日後）
勢至菩薩	一周忌（2年目・1年後）
阿弥陀如来	三回忌（3年目・2年後）

閻魔天

身色＝肉色・黒玄色

閻魔天の印

エン　エン

帰依いたします　あまねき諸仏に　閻魔天に　幸いあれ

◉吉祥天［きちじょうてん］

吉祥天の出自はヒンドゥー教のヴィシュヌ神の妻、ラクシュミー。ラクシュミーは「吉祥」とか「幸福」を意味する。この女神は怖い系が多いヒンドゥー教の女神としては珍しく優雅で美しく、怒り狂ったりしない。

真言密教の吉祥天は、ヒンドゥー教に所属していたときの性格を、そのまま受け継いでいる。だから最高の美人で、しかもとても優しい美と幸福の女神である。ただし『覚禅鈔』には「秘中の秘」として、こういう記載もある。「黒耳《こくに》」という妹がいて、いつもいっしょに行動している。そして吉祥天がもっぱら幸福をつかさどるのにたいして、黒耳は「衰損」をつかさどる。吉祥天ばかり尊崇していると、黒耳が嫉妬してなにかと邪魔をする。そこで吉祥天をまつる場合はまず黒耳法をいとなみ、黒耳のごきげんをとったうえでないと、修法は成就しないという。

オーン　マハーシュリーヤ　スヴァーハー

吉祥天

身色＝白

シリー

吉祥天の印

おん　まかしりえい　そわか

オーン　大吉祥天女よ　幸いあれ

◉弁才天［べんざいてん］

七福神の一人にかぞえられる弁才天（弁財天）は、ヒンドゥー教の河の女神に起源をもち、のちには学問や弁舌や芸術、とくに音楽の神としても、あがめられた。日本では才が財に通じるところから、近世なると、福徳の神としても、人気を高めていく。ちなみに、白蛇を弁天様とよんであがめる習俗の起源は、弁才天の琵琶をもつ姿が、同じく琵琶をもつジャーングリーという女神と混同されたためという説と、日本古来の蛇信仰をつかさどる宇賀神と融合したためという説がある。

オーン　サラスヴァティヤイ　スヴァーハー

おん　そらさばたえい　そわか

オーン　弁才天女よ　幸いあれ

弁才天

身色＝赤・白

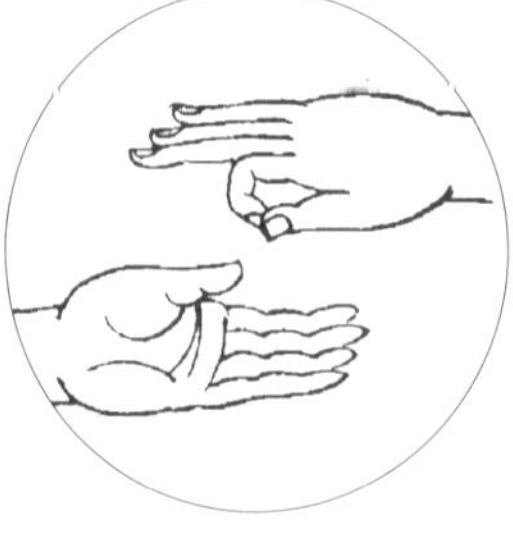

弁才天の印

サ

◉荼枳尼天［だきにてん］

稲荷信仰と深いかかわりをもつ荼枳尼天（荼枳尼真天《しんてん》）は、シヴァ神に仕えた巫女たちをモデルとするダーキニーというヒンドゥー教の女神が起源とされる。きわめてセクシーで美しく、男性に最高の快楽と悟りの境地をあたえてくれる反面、いったん機嫌を損なうと、引き裂いて喰らうという猛悪な性格の持ち主ともつたえられる。おまけに空を飛ぶ能力があり、しかもダーキニー・ジャーラ（網）といって、集団で行動する傾向があるので、ひとたび狙われたら、けっして逃れられない。日本では、稲作の守り神としての狐信仰と融合し、性格も穏和になって、各地の神社や寺院でまつられている。

オーン　シラース　バッタ　ニリ　フーン　スヴァーハー

おん　しら　ばった　にり　うん　そわか

オーン　バッタ龍王よ　立ち去れ　フーン　幸いあれ

荼枳尼天

身色＝不明

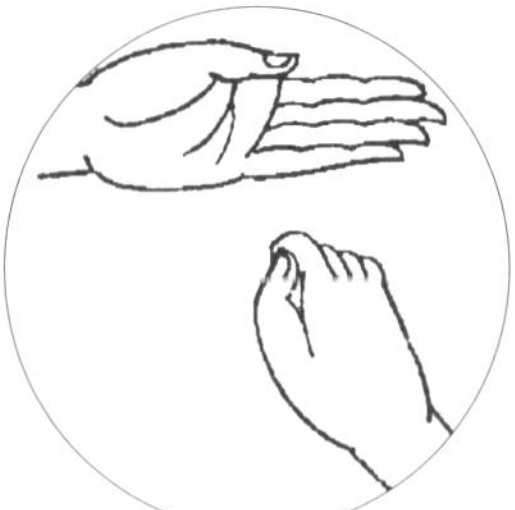

荼枳尼天の印

オーン　ダーキーニー　サバラ　パリヴァーラ　スヴァーハー
おん　だきに　さははらきゃてい　そわか
おーん　荼枳尼天とその眷属たちよ　幸いあれ

◉大黒天〔だいこくてん〕

大黒天の出自はシヴァ神。元来は死と憎悪の神であり、あらゆる生命体の生死をにぎる時間の支配者でもあった。胎蔵曼荼羅に描かれている大黒天は三面六臂で、身色は青黒。怒りの形相をあらわにし、横たえた剣、人間、牝羊を手にする。

日本でも平安末期の段階では、もともとの性格をまだかなり濃厚に残していたようだ。その証拠に、闘争の神としてまつり、修法の際は血と肉をささげよという文言も見られる。

中世になると、大国主命と同一視され、財宝神としての性格を強め、こんにちに至っている。平安末期に成立した『覚禅鈔』には、本来のいかにもインド密教的な図像の他に、日本風の衣服を身にまとい、小袋や大袋を持つタイプが収録されていて、過渡的な様相をうかがわせる。

大黒天

身色＝青黒

大黒天の印

マ

オーン　マハーカーラーヤ　スヴァーハー

おん　まかきやらや　そわか

オーン　大黒天に帰命いたします　幸いあれ

第五章　鎮護国家の儀礼

後七日御修法

護国の大典

真言密教にとって、最高の国家的儀礼は、後七日御修法《ごしちにちみしほ》にほかならない。この儀礼を、空海以来、千百年以上にわたってとりおこなってきた真言宗にいわせれば、「一宗最高の厳儀」である。

後七日御修法は、個人的な悟りうんぬんにまつわる儀礼ではない。「鎮護国家」、すなわち国家の霊的な安全保障のための儀礼である。こんにち私たちの常識では、宗教とはもっぱら個人の精神的な領域にかかわるものということになっているが、それはすこぶる近代的な発想であって、古代や中世では通用しない場合が多い。

とりわけ、空海や最澄が活躍した時代では、宗教は公的領域と私的領域の両方にかかわるものであり、公的領域が私的領域に優先するというのが、むしろ常識だった。ずっと後の鎌倉新仏教でも、この傾向は明らかだ。たとえば、臨済宗の祖師として名高い栄西の主著は、その名も『興禅護国論』であり、同じく鎌倉の名刹として知られる建長寺の正式な名称は「建長興国禅寺」という。また、曹洞宗の祖師、道元にも、自分が伝えた禅宗こそ国家護持のための正法にほかならないと主張する『護国正法義』という著作がある。日蓮が『立正安国論』を、当時の最大権力者だった北条時頼に提出したことは、ご存じの方も多いはずだ。

話をもとにもどそう。後七日御修法の「後七日」は、正月の十四日間を前後に分けた場合、前半の七日に対して、後半の七日を意味している。空海の時代、宮中では、正月の前半の七日を神事にあて、後半の七日を仏事にあてていた。この後半の部分に、新たな密教儀礼を充当することになったので、後七日御修法と呼ばれるようになったというわけだ。

いまも述べたとおり、後七日御修法は空海の時代に創始された。正確にいえば、仁明《にんみょう》天皇の承《じょう》和《わ》二年（八三五）正月八日、唐の内道場の例にならって、勘解由司庁《かげゆしちょう》を改造して建立された宮中真言院において、「勅修《ちょくしゅう》の大典」、つまり国家的な儀礼として、後七日御修法は開始された。空海は同年の三月二十一日に入定《にゅうじょう》しているので、これが最後の大仕事となった。ちなみに、入定とは本来は瞑想状態に入ることを意味するが、実際には肉体の死を意味する。

それから、明治四年（一八七一）の九月に、旧来の国家と仏教の関係を清算する太政官布告《だじょうかんふこく》により廃典となるまで、後七日御修法は千年以上もの長きにわたり、つづけられてきた。もっとも、南北朝時代から江戸時代の初期にかけては、天皇家も真言宗も力が衰えたために、この儀礼を継続できなくなり、廃絶していた時期がつごう二百年近くある。

道場の場所も、時代により変遷している。初期は宮中真言院だったものが、やがて紫宸殿《ししんでん》に移されたという。また、明治十六年（一八八三）の正月から、後七日御修法の儀礼そのものは復活したものの、国家儀礼という地位を失ったために、宮中真言院の復活までは実現できなかった。以来、今日まで、京都の東寺灌頂院《とうじかんじょういん》においてとりおこなわれている。

御斎会から後七日御修法へ

承和二年の正月八日に宮中真言で、初めて後七日御修法がとりおこなわれる以前は、天平神護《てんぴょうじんご》二年（七六六）もしくは神護景雲《じんごけいうん》二年（七六八）から、御斎会《みさいえ》がとりおこなわれ、恒例化していた。御斎会は、大極殿を会場に、毘盧遮那仏《びるしゃなぶつ》ならびに観音と虚空蔵の両菩薩、それに四天王の像を安置し、その前で『金光明最勝王経《こんこうみょうさいしょうおうきょう》』を講説し、国家の平安を祈願する法会である。「年中行事第一の大事」というほど、重要かつ盛大な行事で、経費の点でも莫大だったと伝えられる。空海と親しかった嵯峨天皇治世下の弘仁《こうにん》四年（八一三）のときには、御斎会の結願の日に天皇が臨席して『金光明最勝王経』を対象に展開される「内論議《うちろんぎ》」も、恒例化されていた。

空海はこの御斎会を利用して、みずからの密教を鎮護国家の中核に位置付けようとこころみた。その意志は、承和元年の十二月に提出した上奏文（『性霊集《しょうりょうしゅう》』巻第九「宮中真言院正月御修法奏状」）によくあらわれている。

空海はこう主張した。

現在、御斎会において『金光明最勝王経』を講説しているのはありがたいことだが、残念ながら、顕教の立場からにすぎず、効果があがっていない。医学にたとえれば、苦しむ患者を前に、医学書をひもといて、あなたの病気の原因は何であるとか、この薬が良いとか、ただ単に論じているにすぎない。病気の患者を治すためには、処方箋によって薬を調合し、服薬させなければならない。

その役割は、顕教では無理で、密教にしか実現できない。したがって、『金光明最勝王経』に期待されている功徳を円満に成就するためには、密教の立場から『金光明最勝王経』を実践する必要がある。そこで、御斎会において『金光明最勝王経』を講説している七日のあいだ、別室を密教の流儀にしたがって荘厳し、密教僧を動員して、諸尊の像をまつり、真言を唱えたいとおもう。そうすれば、顕教と密教の両方から『金光明最勝王経』の趣旨を成就できるので、現世と未来におよぶさまざまな祈願をかなえられ、鎮護国家が実現する……。

後七日密教修法の本質は、この上奏文に言い尽くされている。それはまず、『金光明最勝王経』にもとづく宗教儀礼、密教の用語でいえば、「最勝王経法」である。次に、すでに恒例化していた御斎会、すなわち顕教による最勝王経法とワンセットでおこなわれるべきものである。

『金光明最勝王経』は、空海の見解によれば、完璧に密教の経典のジャンルに属している。たとえば、この経典の内容を概説した『最勝王経開題』という著書のなかで、空海は経典のタイトルを、こう解釈してみせる。金は金剛部、光明は宝部、最は蓮華部、勝は羯摩部《かつまぶ》、王は仏部を意味していて、全部を合わせると金剛界の五部になる。だから、『金光明最勝王経』には金剛界五部の功徳がつまっている、と。

また、空海はこうも述べている。『金光明最勝王経』には胎蔵三部、つまり仏部・蓮華部・金剛部の功徳も籠められている、と。その根拠は、金剛界の五部が胎蔵の三部に対応するという理論にもとめられる。この理論を、密教の用語では、「開合の不同」という。

ちなみに、現在の学問研究では、『金光明最勝王経』は前期密教の経典にはいるので、密教の経典とみなす空海の見解にまちがいはない。しかし、前期密教の経典に金剛界五部や胎蔵三部をうんぬんするのは、かなり強引な解釈といわざるをえない。もっとも、これが教相判釈《きょうそうはんじゃく》、すなわち仏教神学の典型的な方法論ではあるが。

それはさておき、空海は、顕教の方式でおこなわれる最勝王経法が不備な点はきびしく指摘しつつも、全面的に否定はしていない。むしろ、密教の方式でおこなわれる最勝王経法にほかならない後七日密教修法と、セットにすることを勧めている。このあたりは空海の、むやみに事を荒立てない政治的な巧みさかもしれない。

また、この上奏のおかげで、顕教と密教は両立する理論的な根拠をつかんだ。顕密がともに並び立つ日本宗教界の原型は、このときはっきりと姿をあらわしたといっていい。

道場の荘厳

理屈はこのくらいにして、後七日密教修法がいったいどのように実践されたのか、それを見てみよう。

まず、この修法のために用意される仏画や彫像、そして荘厳具のうち、主なものと、動員された僧侶の数などをあげておこう。なお、僧侶の項にあげた東寺長者とは、東寺の最高責任者で、もちろん真言密教の第一人者。後七日御修法では、大阿闍梨として儀礼を主導する。定額僧《じょうがくそう》とは、公的に認定された僧侶を意味し、いうまでもなく、密教僧に限られる。

また、後七日御修法は最高の秘法とされていたので、儀礼が外から覗かれないように、周囲に幕を張りめぐらせていた。ただし、壇のうち、神供壇《じんくだん》だけは、道場の外に設置された。その理由は、あとで述べる。

【本尊】

両部曼荼羅　二軸
五大尊画像　五軸
十二天画像　十二軸
聖天《しょうてん》像　一体
孔雀明王像　一体
御請来仏舎利《ごしょうらいぶっしゃり》　一壺

【壇その他】

大壇《だいだん》（金剛界・胎蔵）　二面
護摩壇（息災・増益）　二面
聖天壇　一面
神供壇　一面
五大尊前机　五脚
十二天前机　十二脚
香水机　一脚
御撫物八足机《おなでものはっそくのつくえ》　一脚

【僧侶】

東寺長者　一名
定額僧　十四名

本尊は宝生如来

じつはここで、大きな問題がある。それは、この後七日密教修法の真の本尊が何か、という問題だ。そして、この問題をめぐっては、またまたわかりにくい理屈が登場してくる。

後七日御修法の配置図

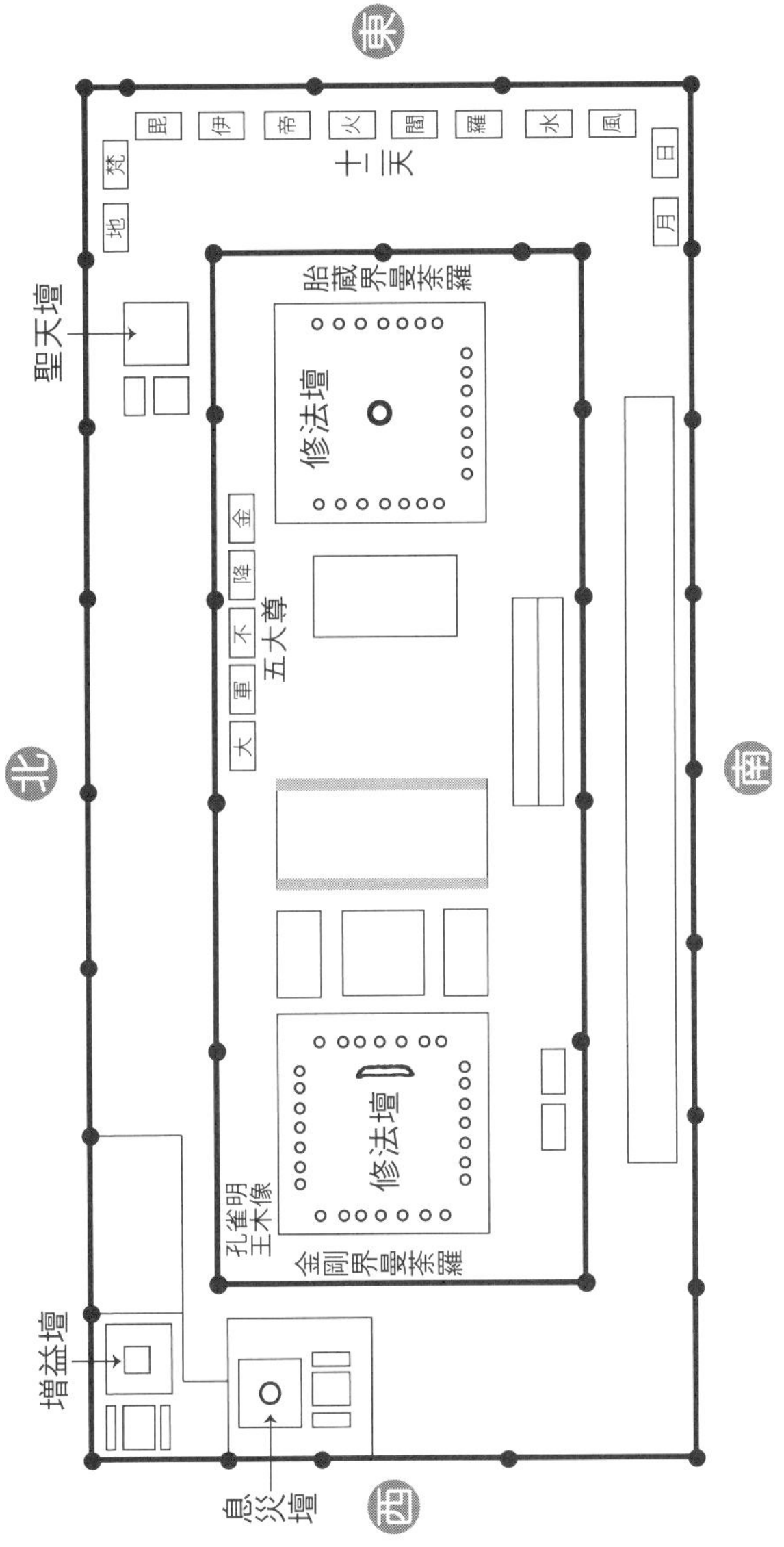
東
毘
伊
帝
火
閻
羅
水
風
十二天
梵
地
日
月
聖天壇
胎蔵界曼荼羅
修法壇
金
降
不
軍
大
五大尊
北
南
修法壇
孔雀明王木像
金剛界曼荼羅
増益壇
息災壇
西

結論から先にいうと、後七日御修法の真の本尊は宝生如来《ほうしょうにょらい》になる。宝生如来は金剛界五仏の一つで、その名のとおり、誰にでも分け隔てせず、宝の雨を降らせるように、その願いをかなえてくれる機能をもつ。

この件について、空海は『最勝王経開題』に、こう述べている。いわく、「この部は則ち宝生を主と為す」。さらに、後世の密教者たちも、いろいろな口伝や秘伝のなかで、「本尊は宝生」と書き残している。鎮護国家は当時の人々にとって究極の願いだったにちがいないから、たしかに本尊にふさわしい仏といえる。

ところが、いまあげた本尊のなかに宝生如来の名は見当たらない。金剛界と胎蔵の大壇はあっても、宝生如来のための壇は用意されていない。これは、どういうことなのか。

ここに再び、密教に特有の複雑な論理操作が登場する。金剛界の宝生如来は、悟りを開いたのちの姿であり、その前身は胎蔵の宝菩薩《ほうぼさつ》だった。しかも、宝生如来＝宝菩薩は、御請来仏舎利《おしょうらいぶっしゃり》と同体でもある。したがって、金剛界の宝生如来＝胎蔵の宝菩薩＝御請来仏舎利という霊的方程式が成立する。

この霊的方程式を、さらに理論的に整えると、こうなる。

まず、宮中真言院の本尊にあたる両部曼荼羅《りょうぶまんだら》のすべての仏たちが、宝部の瞑想に入って、宝生如来をはじめとする宝部の仏たちに変容する。宝生如来をはじめとする宝部の仏たちは、宝の雨を降らせるように、その願いをかなえてくれる機能をもっているので、鎮護国家という究極の願いも当然、かなえてくれる。しかも、宝生如来をはじめとする宝部の仏たちは、御請来仏舎利と同体だ。

そこで、両部曼荼羅と御請来仏舎利を本尊として、金剛界と胎蔵の大壇の前で、金剛界と胎蔵の儀礼を実践し、息災と増益の護摩を焚けば、鎮護国家はかなえられる……。記録によれば、この儀礼は一日に三回、全期間では二十一回もいとなまれたという。

さきほど、空海が『金光明最勝王経』は金剛界五部と胎蔵三部の功徳をあわせもつと、かなり強引に解釈した意図が、ここで生きてくる。おそらく、空海は、御斎会を密教的な方向へみちびいていくために、『金光明最勝王経』は金剛界五部と胎蔵三部の功徳をあわせもつと、あらかじめ理論武装していたのだろう。逆にいえば、これくらい強引なことをしないと、御斎会を密教化して後七日密教修法にすることは実現できなかったのかもしれない。

五大尊

五大尊画像は五大明王たちを描いた画像を、五大尊壇は五大明王をまつる壇を意味する。五大明王は、金剛界の五智如来（五仏）が、教令輪身といって、慈悲に発する暴力によって人々を救済するために変身した仏だ。その対応関係は、大日如来が不動明王、阿閦如来が降三世明王、宝生如来が軍荼利明王、阿弥陀如来が大威徳明王、不空成就如来が金剛夜叉明王になる。五大尊壇では、密教の世界で最強力とみなされていた明王が、五体もそろって出現するのだから、その威力は凄まじいものになる。

もちろん、五大明王たちの得意な分野は調伏（降伏）、つまり敵対者を霊的に鎮圧することだ。国家には、内外を問わず、敵対者が多いから、調伏は絶対に欠かせない、と当時の人々は考えていた。その五大尊の儀礼は、両部曼荼羅と御請来仏舎利を本尊とする宝生如来の儀礼を、調伏の儀礼に転換させる理論にもとづいて実践された。それは、こういう理論だ。

宝生如来の儀礼は、ようするに五仏の力によるものだ。したがって、宝生如来の儀礼を調伏に転換させると、五仏は教令輪身として五大明王に変容する。この五大明王を駆使すれば、国家や人民に苦しみをあたえる邪悪なる者どもを鎮圧できる……。

孔雀明王も、その機能は五大明王とよく似ている。毒蛇を食べると言い伝えられた孔雀を神格化して成立した孔雀明王は、孔雀に乗る華麗な姿もあって、ひじょうに人気があった。

しかも、もともと、五大尊は護国の経典として有名な『仁王経』の、孔雀明王も同じく『仏母明王経』の、それぞれ本尊だった。一説には、宮中真言院には、正確には宮中真言院の前身だった場所には、後七日御修法とはかかわりなく、常時、五大尊と孔雀明王が、鎮護国家のためにまつられていたともいう。

既存のものを排除するのではなく、自分の流儀に取り込んで、新たな意味をあたえ、再利用してしまう。これが空海の戦略だった。空海は、すでにあった御斎会を利用したのと同様に、前からまつられていた仏たちを再利用した可能性が高い。

五大尊の儀礼は、秘伝とされていて、よくわからない。五大尊というと、五壇法といって、それぞれの明王の前に護摩壇を設置して、護摩を焚きつづける儀礼が有名だが、後七日御修法では、明王たちに護摩壇は用意されていない。

後七日御修法では、どうやらそれぞれの明王たちの真言を唱えるなどして、さまざまな供養がおこなわれたらしい。ただ、その回数は、真の本尊にあたる宝生如来と同じく、一日に三回、総計で二十一回の多くにのぼった。この事実から、五大尊が、本尊に匹敵するくらい、重要とみなされていたことが想像できる。

聖天・十二天・神

密教の儀礼では、最高の位置づけにある「大法立《だいほうだ》て」の場合、大壇・護摩壇・聖天壇・十二天壇・神供壇の、つごう五壇を完備し、しかもその五壇を有機的に関連させつつ、儀礼を実践しなければならない規定になっている。むろん、後七日御修法は大法立てなので、この規定にしたがい、五壇が設置された。いいかえれば、聖天壇・十二天壇・神供壇の三つの壇は、大法立てだから設置されたのであり、後七日御修法だから設置されたわけではない。

聖天は、もとはといえばヒンドゥー教の神で、ガネーシャといい、像の姿をしている。男女が抱き合っているかたちが多く、現在では奈良県生駒の寳山寺の聖天のように、男女和合や商売繁盛の神として人気が高い。しかし、本来は大小の悪神たちの統領だ。仏教の用語をつかえば、「障碍の魔」になる。

後七日御修法では、障碍の魔を除いて、儀礼をとどこおりなく遂行させるために、まつられたという。別の説では、聖天が敬愛法の本尊となることから、息災・増益・調伏・敬愛というぐあいに、四つの法をすべて備えて、完璧を期すために、ここに入れられたともいう。

十二天は、東方の帝釈天・南方の閻魔天・西方の水天・北方の毘沙門天・東南方の火天・西南方の羅刹天《らせつてん》・西北方の風天・東北方の伊舎那天《いしゃなてん》・上方の梵天・下方の地天・日天・月天の、十二天を指す。これらの神々は、人間界のもろもろの運不運、天変地異、あるいは自然災害などとかかわっているので、災いを祓い、恵みを垂れてくれるように、供養する。

この十二天には、権類と実類に二種類がある。権類というのは、仏が人々を救済するために変身したもの。実類は、ヒンドゥー教から仏教に帰依した神々そのものを指す。いま述べた十二天は権類なので、ほんとうは仏ということになる。

それに対し、神と記されているのは実類のほうで、もとはヒンドゥー教だった。だから、いまひとつ信用できない。ということで、神をまつる神供壇だけは、道場の外に設置される習わしになっていた。

玉体加持

後七日御修法のために用意されるもののなかに、御撫物《おなでもの》がある。この文字面だけでは、いったい何なのか、まったくわからないが、じつはこの御撫物こそ、後七日御修法の影の主役なのだ。

御撫物は、加持祈祷のとき、その人自身を対象にするのではなく、身につける物、たとえば衣や櫛、あるいは人形や鏡などを加持して、それで身を撫でて、効験をあらわさせるるので、この名がある。いちばんよくもちいられるのは、やはり衣だ。衣を加持する場合は、特に「御衣加持」という。

その御撫物が、後七日御修法のために用意されるもののなかにある。ということは、この儀礼が御撫物を直接の対象にしていいとなまれることを示している。

鎮護国家のための儀礼において、その御撫物が直接の対象となるような人物とは、いったい誰か。その答えは、天皇しか考えられない。

では、後七日御修法は、鎮護国家を表看板にしつつ、じつは天皇を加持の対象にする儀礼だったのだろうか。

解答は、ある時期から後はそうだったということになる。空海が後七日御修法をとりおこなった当初は、この儀礼の目的は「国家のために奏修」することだった。それが二百年後になると、「金輪聖主御息災安穏増長宝寿恒受快楽消除天変恠異所変災難皆悉消除」になる。さらに、その百年くらい後になると、最重要の目的は「金輪聖主玉体安穏増長宝寿」であり、ついでに「年穀成就天下泰平のため」になってしまう。

空海が直接、天皇の身体を加持した、すなわち玉体加持をしたという伝承がないわけではない。しかし、あくまで伝承にとどまる。確実な資料によるかぎり、空海は後七日御修法を「国家のために奏修」している。したがって、御撫物を介して、天皇の心身を加持するのは、空海の意図ではなかったとみなしたほうがいい。

しかし、平安中期になると、後七日御修法の目的が御撫物を介して、天皇の心身を加持することに変質してしまう。ちょうどこのころは、藤原氏の長者が、外戚として摂政や関白の地位につき、孫の天皇を後見するかたちで、政権を独占しつづけた時期に当たる。そうなると、自分の血族でもある天皇の健康が、何にもまして重要事になる。だから、「金輪聖主玉体安穏増長宝寿」が主な目的となり、本来はもっとも重要なはずの「年穀成就天下泰平」は二の次に転落する。難しくいえば、国家的な儀礼の矮小化が進んだということだ。

細かいことをいうと、後七日御修法では、御撫物を介する玉体加持、より実際的には御衣加持と、直接の玉体加持が、並行しておこなわれた時期もあった。ただし、この場合の玉体加持は、御斎会の結願の日に、後七日御修法を主導する大阿闍梨が、列席の天皇ならびに僧侶たちに対し、密教的な儀礼、より具体的には加持した香水をかける行為を意味していた。つまり、私たちが玉体加持という言葉からイメージしがちな、天皇個人を対象にした儀礼ではない。この点がよく混同されているので、注意しておきたい。

なお、明治十六年（一八八三）の正月から復活した後七日御修法では、もっぱら御衣加持がおこなわれ、いわゆる玉体加持は廃典となっている。

膨大な数の真言読誦

後七日御修法において、いったいどれくらいの回数にわたって、真言がとなえられたのか。『覚禅鈔』に記録が残っているので、ご紹介しよう。

永治《えいじ》二年（一一四二）正月十五日の記録によれば、奉修された供と奉念された真言の数は、以下のとおりである。

大壇供《だいだんく》	二十一度
息災《そくさい》護摩供《ごまく》	二十一度
増益《ぞうやく》護摩供	二十一度
五大尊供	二十一度
十二天供《じゅうにてんぐ》	二十一度
聖天供《しょうでんぐ》	十四度
諸神供《しょじんく》	三度
仏眼《ぶつげん》真言	二万九千五百返
大日真言	二万九千五百返
薬師真言	二万九千五百返
延命真言	二万九千五百返
観音真言	二万九千五百返

不動真言　　二万九千五百返
吉祥天真言　二万九千五百返
一字金輪真言　二万九千五百返

他の記録を照らし合わせてみると、この数がほぼ平均値だったようである。たとえば、永久六年（一一一八）正月十五日の記録でも、まったく同じ数になっている。しかし、となえられる真言の数が異常に多い年もあった。長久五年（一〇四四）正月十五日の記録によれば、こうなる。

大壇供　二十二度
息災護摩供　二十二度
増益護摩供　二十二度
五大尊供　七度
十二天供　七度
聖天供　十四度
諸神供　七度

仏眼真言　七十万返
大日真言　七十万返
薬師真言　七十万返
延命真言　七十万返
観音真言　七十万返
不動真言　七十万返
吉祥天真言　七十万返
一字金輪真言　七十万返

前年の長久《ちょうきゅう》四年から五年にかけての時期に、なにか大きな事件でも起こったのかと思って、調べてみても、特筆されるような大事件は起こっていない。もし仮にあるとすれば、後朱雀天皇が肩の悪性腫瘍により、翌年の寛徳《かんとく》二年正月一六日（一〇四五年二月五日）譲位し、その二日後に出家したのち、同日に崩御しているという件である。したがって、すでに天皇の病が重篤だったので、つねにもまして懸命な真言読誦がおこなわれた可能性は指摘できるかもしれない。

太元帥法（大元帥法）

太元帥法は、その名がしめすとおり、太元帥明王を本尊としていとなまれる修法である。太元帥明王は大元帥明王とも表記されるので、大元帥法ともよばれる。

ちなみに、太元帥法は、文字のうえではこう書かれるが、「帥」の字はあえて読まず、「たいげんのほう」と発音するという口伝がある。

また、太元帥法は、後七日御修法に準じる大法のため、太元帥法御修法と尊称される。

修法の期間は、本来は毎年の正月八日から七日間。修法の場所は、当初は宮中だったが、のちに醍醐寺の理性院に移された。現在は、新天皇即位の翌年に、後七日御修法にかわり、東寺の灌頂院においていとなまれる。

太元帥法はこのように定期的にいとなまれただけではない。国難に際しても、いわば臨時にいとなまれた。たとえば、平安中期の平将門や藤原純友《すみとも》による承平天慶《じょうへいてんぎょう》の乱や、鎌倉時代後期の元寇《げんこう》の際などに、いとなまれた記録がのこる。

太元帥明王

太元帥明王は、サンスクリットによる原名を「アータヴァカ」といい、鬼神を意味する。漢訳では「広野鬼神大将《こうやきじん》」と訳されている。出自は明らかではないが、どうやら古代インドの悪神だったらしく、いわゆる夜叉のたぐいに入る。毘沙門天の子どももしくは配下とされる八人の夜叉のうちの一人だったという説もある。真言密教では、大日如来、観音菩薩、虚空蔵菩薩などの化身とみなされるが、このように複数の仏菩薩の化身とみなされていること自体、太元帥明王の出自がはっきりしないことを証明している。

儀軌によれば、太元帥明王は身色が青。四面八臂がふつうだが、六面八臂や一八面三六臂という口伝もある。

顔面は、四面の場合は、正面が仏相で温和なのにたいし、他の三面は忿怒相。六面の場合は、最上面が仏相で他の五面は忿怒相をとる。

仏相以外の忿怒相は凄まじい怒りをしめし、いずれも三眼。その眼はどれも血走って赤い。手にはさまざまな武器をもち、両脚で二頭の鬼を踏みつけている。文字どおり恐怖の造形であり、数ある明王のなかでも、その姿かたちの異様さは超一級といっていい。

常暁

太元帥法を唐から日本へもたらしたのは、常暁《じょうぎょう》（？〜八六六）である。唐から、密教をはじめ、新来の仏教を輸入するにあたり、功績のあった八人、すなわち入唐八家《にっとうはっけ》の一人でもある。もとは山城国の小栗栖《おぐるす》あたりの捨子だったらしく、元興寺豊安《がんごうじぶあん》のもとで養育され出家、次いで空海に師事した。

承和五年（八三八）、遣唐使船に乗り、揚州に上陸。栖霊寺《せいうんじ》の文際《ぶんさい》から、逆賊調伏・鎮護国家の秘法、太元帥法を相承した。不空《ふくう》が唐に伝えたという同法は、あまりに猛烈な威力ゆえに授法は国禁だったが、この法を日本に伝えようとしたものの、暗殺されて果たせなかった故霊仙《りょうせん》（七五九？〜八二七？）の冥加、つまり霊的な助力を得て、首尾よく相承できたという。さらに、正式な密教僧としての資格を保持する伝法阿闍梨となり、翌年、帰国した。

帰国に際しては、木製の太元帥明王像と必要な経典類を一括してもたらし、山城国宇治郡の法琳寺にまつったと伝えられる。承和七年（八四〇）、法琳寺を太元帥法の道場とし、同年十二月に宮中の常寧殿《じょうねいでん》において、初めて太元帥法がいとなまれた。仁寿《にんじゅ》元年（八五一）には、太元帥法を後七日御修法に準ずる国典として勅許を獲得し、翌二年（八五二）正月八日より、宮中で例年、修するにいたる。

かくして太元帥法は、後七日御修法をもしのぐ権威をもって、途中絶えることなく、明治四年（一八七一）まで、連綿とつづけられた。常暁自身が、抜群の霊力をもっていたようで、入唐以前すでに太元帥明王の姿を感得していたとか、斎衡《さいこう》三年（八五六）の大旱魃《かんばつ》の際には、太元帥法を修して、雨を降らせたと伝えられる。

平将門を調伏

古来、もっとも有名な調伏、すなわち呪殺の事例は、泰舜《たいしゅん》（八七七〜九四九）と寛朝《かんちょう》（九一六〜九九八）による平将門の調伏である。

天慶二年（九三九）の十二月、反乱勃発の報をうけた朝廷は、まず多くの寺院に調伏を命じた。ついで、翌天慶三年（九四〇）一月十九日には、藤原忠文を征東大将軍に任命し、追討軍が京を出立した。

同じころ、関東では、将門に父を殺害された平貞盛と、下野国で軍事警察部門をになう押領使《おうりょうし》の藤原秀郷《ひでさと》の連合軍が、将門にたいして戦いをいどんでいた。戦いは連合軍の優勢で推移し、ついに二月十四日、将門が本拠としていた下総国《しもうさのくに》の石井で、最後の戦いがおこなわれた。

この日は、朝から北風が強かったという。この当時、戦いの帰趨《きすう》はもっぱら弓矢にかかっていたので、追い風か向かい風かは、勝敗を分ける決定的な要素の一つだった。そのため、北がわに陣をかまえた将門軍が、追い風にのって矢いくさを有利に展開し、南がわの連合軍を撃破した。

ところが、途中で急に、風向きが南に変わった。形勢は一変し、今度は連合軍が有利となる。この劣勢をはねかえすべく、将門は先陣を切って奮闘したが、いずこからともなく矢が飛んできて、将門の額に突き刺さり、戦死してしまった。こうして、京からの追討軍が到着する前に、将門の乱は終わりを告げた。風向きが急に変わり、それまで優勢だった将門軍が窮地におちいり、しかもどこからともなく飛んできた流れ矢が、あろうことか、将門の額に命中して、その命を一瞬にして奪ってしまったことは、当時の人々に言いしれぬ神秘を感じさせたらしい。

『覚禅鈔』には、将門の乱のとき、この太元帥法があげた効能について、かなりくわしい記述がある。それによれば、常暁の衣鉢《いはつ》をついで、太元帥法の権威として知られていた泰舜が、勅命をうけて、天慶三年の正月二十七日に、法琳寺でこの秘法をいとなんだ。

この太元帥法を実践するための壇は、尋常ではない。壇上のいたるところに、そのころ主要な武器だった弓と矢がおかれ、さらに中心部には羯摩とよばれる投擲《とうてき》用の武器まであまた配されて、いかにも殺伐としている。（次ページ参照）

このとき泰舜は、太元帥法のなかでも、さらに秘中の秘として、常暁から代々にわたり口伝されていた「与立剣輪《よりゅうけんりん》の印」という秘密の印を、その手にむすび、修法にのぞんだ。その修法のさなか、手に握っていた密教法具の独鈷《どっこ》が半分に折れ、いずこともなく飛び去っていった。これこそ、将門の額に突き刺さった流れ矢の正体だったという。

道場の荘厳

太元帥法は「大法」かつ「秘法」とされる。すなわち、最高の修法であると同時に、最高の秘儀とされる。大法とされる修法には、流派により違いがあるが、おおむね後七日御修法、請雨経法、孔雀経法、法華経法、守護国界経法、普賢延命法、大北斗法、そしてこの太元帥法がある。

大法の大法たる具体的なゆえんは、用意される壇の数にあり、大壇・護摩壇・十二天壇・聖天壇・神供壇の、つごう五壇立が基本となる。伴僧として導師につかえる僧侶の数も、ひじょうに多い。

太元帥法大壇図

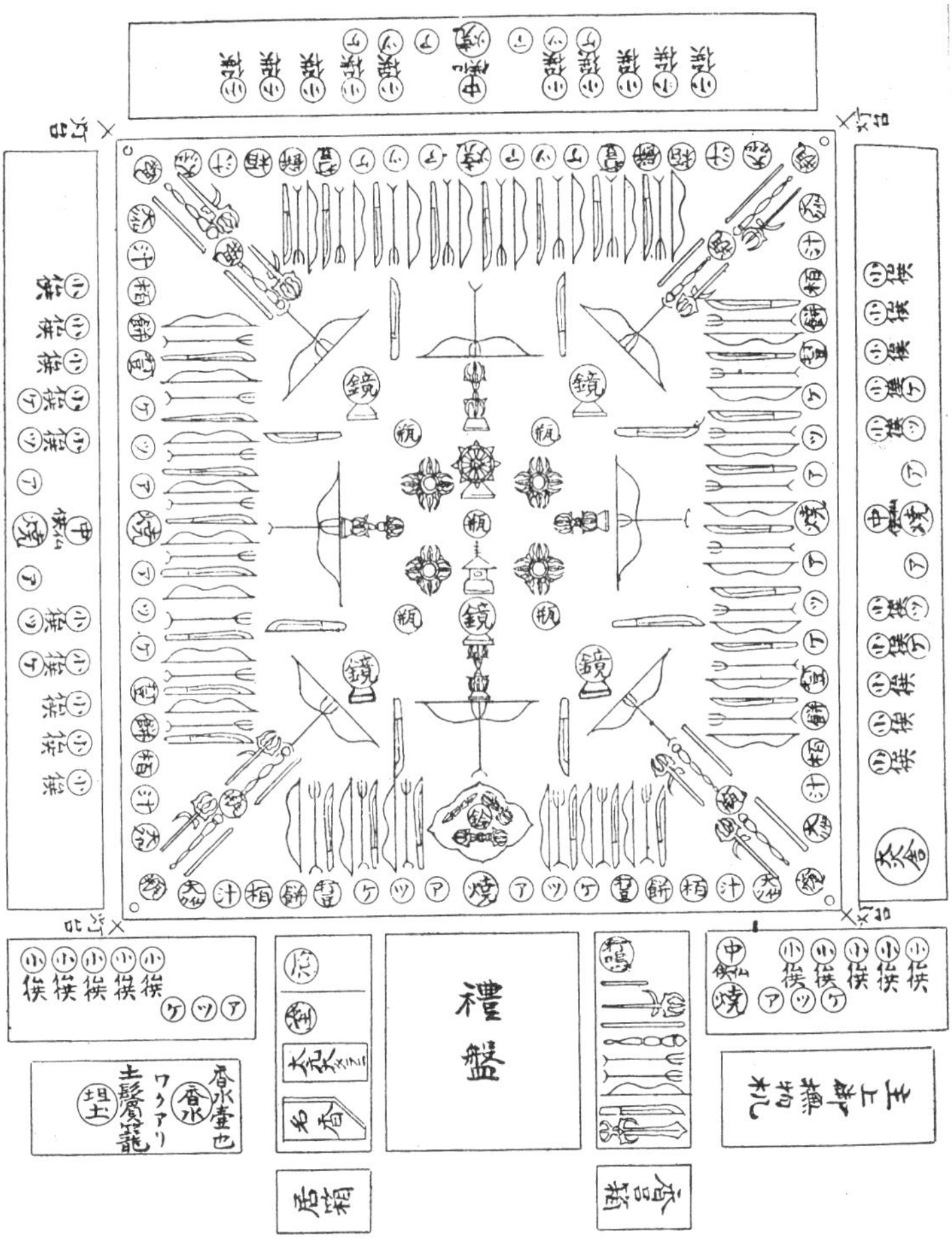

これまた流派により違いがあるが、おおむね格壇ごとに十二人、十四人、十六人、十八人、二十人が基本となる。

太元帥法の場合は、大壇・息災護摩壇・調伏護摩壇・聖天壇・十二天壇・神供壇の、つごう六壇立という大規模である。これらの壇は、周囲を布でつくられた縵幕によってかこまれ、なかが見えないようにされる。

修法に要する日数は七日間である。

道場荘厳の詳細な内容は、流派によっても、時代によっても、相違が見られる。ここでは、昭和三年(一九二八)に、江戸時代の貞享《じょうきょう》五年(一六八八)の記録にもとづき、東寺の灌頂院において実施されたときの事例を、『密教大辞典』から引用させていただく。ただし、省略が過ぎて、理解しがたいところがあるので、その場合は『覚禅鈔』の記述から補っている。

縵幕の内側に、別に方形の框《かまち》を立て、二重の縵幕を東南北の三方に引く。ちなみに、東が正面になる。外側の縵幕は青色、内側の縵幕は黄の色をもちいる。

框縵内の東方中央に、三十六臂の太元帥明王の尊像を安置する。東南隅に八臂の太元帥明王の尊像を安置し、その手前に虚空蔵菩薩の曼荼羅を懸ける。東北隅に四臂の太元帥明王の尊像を安置し、その手前に毘沙門天と釈迦如来の曼荼羅を懸ける。

以上の尊像の前に大壇を設置する。大壇の上には、法輪・羯摩・瓶・塔・三股戟《さんこげき》・宝鏡・弓・箭・

刀・鉄杖・宝棒・鉤などを置く。

弓・箭・刀は、壇の四方に、それぞれ二十三個を、内側にそれぞれ八個を置き、総計して百個とする。

鉄杖・宝棒・鉤は、壇の四方に、それぞれ二個ずつ置く。

右脇机に、剣・刀・弓・箭二筋・宝棒・鉄杖・鉤の、六種物を置き、さらに打鳴（金属製の鉢形打楽器）を置く。

左脇机に、灑香器《しゃこうき》（香水を入れた器）と塗香器（粉末状の香を入れた器）、ならびに太元帥陀羅尼と名香を置く。

法輪・羯摩・瓶・塔・三股戟《さんこげき》・宝鏡の配置は、二一七ページの図を参照していただきたい。

大壇の西方に、南向きに調伏護摩壇を、北向きに息災護摩壇を、それぞれ設置する。

以上はいずれも縵幕の内側のことである。

縵幕外側の東北隅に、別に縵幕をめぐらし、そのなかに聖天壇を設置する。

同じく、東方の中央に、西向きに十二天壇を設置する。

以上の壇の南方に、伴僧の座をもうけ、上下番に分けて、昼夜兼行で陀羅尼を読誦しつづける。

神供壇は屋外に設置し、東方に向かって修法する。

修法の実際

大元帥法は、おおむね以下のように実践された。

まず、それぞれの壇を修法する回数は、以下のとおりである。

大壇　二十一座
息災護摩壇　二十一座
調伏護摩壇　二十一座
聖天供　十四座
十二天供　七箇度
神供　三箇度

つぎに、読誦される真言の種類は、以下のとおりである。

仏眼真言
大白衣《だいびゃくえ》観音真言
聖観音真言
虚空蔵菩薩真言
孔雀明王真言
不動明王真言

降三世明王真言
軍荼利明王真言
大威徳明王真言
金剛夜叉明王真言
太元帥明王甘露呪（大呪）
太元帥明王心呪
太元帥明王心中心呪
太元帥明王結護呪
吉祥天真言
四天王真言
歓喜天真言
大金剛輪真言
一字金輪真言

真言を読誦する回数は、それぞれ数千から数万回と指定されている。ちなみに、天慶三年、平将門を呪殺するために、泰舜を導師としていとなまれた太元帥法の際は、太元帥明王結護真言が二十万回、護摩真言が二万一千回、それぞれ読誦された記録がのこる。

太元帥明王の真言陀羅尼

太元帥明王の真言は、甘露呪・心呪・心中心呪・小心呪・結護呪などがある。このうち、甘露呪は、もっとも長大なために大呪ともよばれる。

これらの真言陀羅尼は、『大日経』を唐にもたらし訳出したことで知られる善無畏が漢訳した『阿《あ》吒《た》薄《ば》倶《く》元帥《げんすい》大将《たいしょう》上仏《じょうぶつ》陀《だ》羅《ら》尼《に》経《きょう》修行《しゅぎょう》儀軌《ぎき》』に、記されている。この『阿吒薄倶元帥大将上仏陀羅尼経修行儀軌』には、サンスクリット（梵字）とその漢音訳が並記されている。小心呪をのぞけば、どの真言も短くはない。とりわけ、いちばん重要な甘露呪はそうとうに長大で、『密教大辞典』でも「繁を恐れて今掲げず」と省略しているほどである。

そこでここでは、日本の真言密教界では、もっぱら漢音訳されたものが読誦されてきた伝統を考慮して、甘露呪・心呪・心中心呪の漢音訳だけをしめすことにしたい。

【甘露呪】

曩謨　阿羅　怛那多羅耶也　曩莫　失梅陀抜　折囉波那曳　摩訶薬叉　茜那波多曳　曩謨　阿吒薄拘耶　摩訶薄倶多耶　摩訶薬叉那耶　摩醯首囉耶　吽　毘摩質多羅耶　吽　那吒倶伐羅耶　吽　阿呵　阿呵　阿呵　阿呵　吽　吽　吽　吽　曳　曳　曳　曳　吒　吒　吒　吒　尼藍婆耶　吽　乾陀羅婆耶　吽　毘舎遮耶　娑婆訶　曩謨　婆伽梵　跋折羅　蘇悉地耶　吽　婆伽婆底

阿吒薄倶耶　吽　毘沙門耶　吽　婆吒婆吒耶　吽　因陀羅耶　吽　薬叉頼吒耶　吽　毘盧陀迦耶　吽　毘盧博叉　薬叉耶　吽　婆羅摩耶　吽　速佉　速佉　娑婆訶　摩訶薬叉　娑婆訶　伽伽羅　伽伽羅　呼　吽　吽　吽　吽　摩尼跋陀羅野　吽　那羅延耶　吽　摩訶迦羅耶　吽　阿耨陀耶　吽　漚波難陀耶　吽　歩祁羅耶　吽　布単那耶　吽　黒布単那耶　吽　闍魔羅遮耶　吽　目真隣耶　吽　素嚕鳩槃荼耶　泮　吽　吽　吽　吽　善女功徳耶　泮　降怨耶　吽　泮　吽　吽　吽　吽　泮　泮　泮　泮　摩訶薬叉　薬叉　速速速速　泮　泮　泮　泮　摩訶薬叉　薬叉　速速速速　泮　泮　泮　泮　娑婆訶　陀　陀　陀　陀　陀　訶陀訶　鉢柘　鉢柘　勅勅　婆羅婆羅　跋折羅　荷吒　荷吒　泮　莎訶呑摂　娑婆訶　阿吒　阿吒　阿呵　阿呵　吽　欠　吽　欠　斫羯羅　護帝　跋折羅力力力力　跋　跋　跋　跋　急急急急　頻陀　頻陀　闍婆闍婆摂持　師子王吼吼吼吼　僧伽羅闍吼吼吼吼　勒喉　勒喉　吽　泮吒　阿吒婆拘耶　吽　泮吒　泮吒　娑婆訶

【心呪】

唵　勒叉勒叉速速速速　泮　泮　泮　泮　娑婆訶　散指迦耶　泮　摩訶散指迦耶　泮　摩尼跋陀羅耶　泮　摩訶摩尼跋陀羅耶　泮　羅刹羅刹　泮　摩訶羅刹羅刹　泮　薬叉薬叉　泮　摩訶薬叉薬叉　泮　吒　吒　吒　吒　勅勅勅勅　縛　縛　縛　縛　吽　吽　吽　吽　曳　曳　曳　曳　泮　泮　泮　泮　佉　佉　佉　佉火急　曳　阿吒薄倶耶　吽　泮吒

【心中心呪】

唵勅勅勅勅　婆羅婆帝莎呵　阿吒　阿吒　曳　吽　娑婆訶呑摂　娑婆訶　阿吒　阿吒　吽欠
斫羯羅　護帝　跋折羅力力力力　吽　吽　吽　吽急急急急　頻娜　頻娜　闍婆　闍婆摂持摂持
僧伽羅闍吼吼吼吼　羅嬰耶　吽　喉　喉　喉　喉　吒　吒　吒　吒　阿吒薄倶耶　娑婆訶

このように、ところどころに調伏の対象となるシヴァ神（摩醯首羅《まけいしゅら》）やヴィシュヌ神（那羅延《ならえん》）をあらわす言葉が見られるものの、「あか（阿呵）　あか　あか　あか」とか「うん（吽）　うん　うん　うん」とか「た（吒）　た　た　た」というぐあいに、訳しようのない文言に満ちている。ようするに、全体としては文字どおり「呪文」であって、第四章の太元帥明王の項でふれたとおり、意味はよくわからない。

考えてみれば、そういう意味不明の言葉を、八十人以上もの僧侶たちが、護摩焚きの火炎と香煙につつまれながら、必死の形相で、つごう七日間にわたり、万単位の回数を読誦しつづけるのである。道場もそこにいる人間たちも、異様なふんいきにつつまれたことは、想像にかたくない。こうなると、思想も哲学もまったく関係のない、まさに呪術というしかない。そして、それこそが、鎮護国家をつかさどる密教儀礼の本質にほかならなかったのであろう。

第六章　修験道の呪文

民衆密教の担い手

修験道は、「修」行して「験」を獲得する「道」という意味である。「験」は「験力」を意味し、超自然的な力、いわゆる霊力をあらわしている。

この修験道にいそしむ者を修験者という。おもに山中で修行するので、山に伏す者というところから、「山伏」ともよばれる。

優婆塞《うばそく》（在家の修行者）であった役行者（?～七〇一）を開祖とあおぎ、白装束に身をかため、頭には兜巾《ときん》をつけ、手には錫杖《しゃくじょう》をもって、山野を跋渉《ばっしょう》する姿は、日本の伝統宗教のなかでも異彩をはなっている。

この修験道は、学術的には、以下のように定義されている。すなわち、「日本古来の山岳宗教が、外来の密教、道教、儒教などの影響のもとに、平安時代末期に至って一つの教理体系をつくりあげたもの」。

この定義そのものに、誤りはないかもしれない。しかし、修験道の実態は、この定義では不十分というよりも、的外れなところがある。というのも、修験道の実態は、民衆版の密教とみなしたほうが、はるかによいからだ。明治維新にいたるまでの時期、一般の人々の多くは、修験者をとおして密教に触れていた可能性がすこぶる高いのである。

ちなみに、時代劇によく登場するが、おおむね悪役をつとめさせられてきた。その原因は、のちほど述べるように、明治五年（一八七二）、政府から修験道廃止令が出されるくらい、「文明開化」と称する近代化に逆行する迷妄迷信の象徴として、目の敵にされてきた歴史にある。

修験道の歴史

修験道の開祖は、すでに述べたとおり、役行者（役小角）とされる。ただし、この人物にまつわる史実は、把握しがたい。実在したことは疑いないが、史書（『続日本紀《しょくにほんぎ》』の文武天皇三年（六九九）五月二十四日の条）に記されているのは「役君小角《えんのきみおづぬ》、伊豆島ニ流サル。初メ小角、葛木《かづらき》山ニ住シ呪術ヲ以《もち》テ外ニ称サル。外従五位下韓国廣足《からくにのひろたり》初メ師ト為ス、後其ノ能《のう》ヲ害シ、讒《しこ》スルニ妖惑ヲ以テス。故ニ遠処ニ配ス。世ノ相伝ニ言《いわ》ク。小角能《よ》ク鬼神ヲ役使シ、水ヲ汲ミ薪ヲ採《とら》セ、若《も》シ命ヲ用イザレバ即チ呪ヲ以テ之ヲ縛ス」だけである。

つまり、「役君小角が伊豆に流された。最初、小角は葛木山に住み、呪術が抜群と評判になった。外従五位下韓国廣足は、当初はこの小角を師匠として修行をしていたが、小角の天才ぶりに嫉妬して、小角は妖術を使って悪いことをしていると、朝廷に訴え出た。そこで、朝廷は小角を、遠い僻地へ流罪にした。世間の噂では、小角は鬼神を自在に使役して、水を汲ませたり薪を採らせたりした。もし鬼神がいうことを聞かない場合は、呪文を唱えて、動けなくした」という。

この記述から判明するのは、役行者は葛木山（葛城山）に住み、鬼神を駆使するなど、呪術に秀でていたが、弟子に裏切られて、流罪になったという、すこぶる断片的な情報にすぎない。それでも、役行者が山岳修行者であり、呪術に秀でていた点は、修験者としての要件を立派に満たしている。

別の伝承によれば、役行者は飛鳥の法興寺（本元興寺）で仏教を学び、在家の仏教信者を意味する優婆塞になったという。まもなく寺を出た役行者は、まず葛城山に入り、さらに熊野と大峰（吉野）で研鑽を重ね、ついに吉野の金峯山上で、修験道の本尊となる蔵王権現を感得したと伝えられる。

やや時代を下って、奈良時代になると、悪僧として名高い道鏡もまた、役行者が修行の場としていた葛城山を、修行の場とした。他に、類似の事例はいくつもある。ようするに、日本仏教の基層は山岳と切っても切れない関係にあり、山岳宗教という要素をかかえこんでいたのである。この段階の仏教は、初歩的とはいえ、密教的な要素が濃厚なところから、最近では「古密教」あるいは「奈良密教」とよばれている。

平安初期に、日本仏教の基本的な構造をきずきあげた空海と最澄の二大巨人がともに、高野山と比叡山という山岳を拠点にした事実は注目される。とりわけ、空海は、おもな修行の場が四国の山中であった事実からわかるとおり、山岳修行者という性格を濃厚にもっていた。

この傾向は、以後もずっとつづいた。真言宗の醍醐寺《だいごじ》、天台宗の園城寺《おんじょうじ》（三井寺）や聖護院《しょうごいん》などは、修験道の拠点として、傑出した修験者をあまた生み出している。その典型は、たとえば醍醐寺の開山となった聖宝《しょうぼう》（八三二～九〇九）である。聖宝は空海伝来の真言密教の法灯を継ぐとともに、役行者に私淑して吉野山における修行を再興し、のちに当山派《とうざんは》修験（真言系修験道）の祖とたたえられることになる。

むろんこの間、修験道のありかたやたたずまいは変遷を重ねてきたが、いまにつづく修験道の原型は、平安末期には築き上げられていたようだ。そして、いくたの曲折をへながら、近世にいたる。

十七万人追放

近世、すなわち江戸時代における修験道の力量は、今となっては想像しがたいほど大きかった。意外だろうが、江戸時代の中期まで、飛鳥の法隆寺は、南都（奈良）修験の拠点寺院だった。現に、修験者の円空が法隆寺を訪れた記録がのこされている。同じく奈良の興福寺や薬師寺も、南都修験の拠点だった。いまでも、薬師寺では、同寺だけに伝わる水式護摩という独特な方式で、護摩を焚いている。

いわゆる鎌倉新仏教系でも、事情はさして変わらない。これまた意外だろうが、道元が開創した曹洞宗の大本山永平寺には、修験者たちがさかんに出入りしていた。日蓮宗の修法や修行のなかには、江戸時代の修験道の影響が見られるという指摘もある。臨済宗にも、修験道との関係がある寺院が存在する。どうやら、浄土真宗をのぞく、ほぼすべての宗派に、修験道とのかかわりがあったらしい。

ともすれば、わたしたちは、現行の宗派中心の仏教のありかたを当然視し、遠い時代からずっとそうだったと思い込みがちである。ところが、事実は大きく異なる。いまのような形態になったのは明治以降にすぎず、それ以前はまったくちがっていた。

その構図をごく簡単に述べれば、修験道は、宗教とも習俗ともつかない領域にたずさわることで、じかに民衆に接し、同時に、この領域を媒介として、宗派仏教と民衆との接点となっていた。いまもなお、毎年四月二日、日光の輪王寺で強飯式《ごうはんしき》を執行する修験者のように、各地の寺院で祭礼ごとに修験者がまねかれ、護摩焚きをはじめとするさまざまな儀礼をいとなむのは、その名残といっていい。

修験者が神事と仏事を媒介する役割をになってきた事例も多い。竹や木で三角錐状に作られた柱《はしら》松《まつ》に火をつけ、吉凶を占う「柱松神事」などは、神と仏をわけへだてなく敬う修験道ならではの宗教行事である。

こういう修験者たちの領域を一挙に瓦解させたのは、明治政府が明治五年に発布した修験道廃止令である。以来、修験道は、文字どおり、凍りつくような冬の時代を迎えた。修験道廃止令そのものは明治二十九年（一八九六）に撤回されたが、この間に修験道がこうむった被害はきわめて甚大だった。

「修験道廃止令」によって、なんと十七万人もの修験者／山伏が追放されたのである。当時の総人口は、現在の四分の一ほど。したがって、現在の人口に換算すると、七十万近い数の修験者／山伏がいたことになる。ちなみに、現在の僧侶数は二十二万くらいだから、その三倍以上にあたる。逆にいえば、それくらい修験道の力は大きかったことになる。だからこそ、徹底的な弾圧をこうむったといっていい。

民衆のための密教

そもそも、民衆が求めていたのは、高尚な宗教哲学などではなかった。そんなものは、かれらにすれば、なんの役にも立たない。求められていたのは、日々の暮らしに直結する現世利益と、臨終と死と死後にあたっての儀礼や供養であった。そこには、時として、呪いや祟りといった、おどろおどろしい領域も含まれていた。そこはまさに密教の領域だった。

近年、宗教人類学の泰斗として知られる佐々木宏幹・駒澤大学名誉教授は、「生活仏教」と「教義仏教」というコンセプトをもちいて、こう述べている。近代化以降における日本の仏教研究が、もっぱら高尚な宗教哲学の研究、すなわち「教義仏教」に偏りすぎた結果、ごくふつうの人々が求めてやまない領域、すなわち「生活仏教」をないがしろにする傾向があらわになっている。これこそが、仏教の衰退をまねいた主因である……。

とくに民衆のがわからすれば、現世利益を核とする自分たちの期待や要請にちゃんとこたえてくれるか否かだけが、問題であった。かくして、修験者たちに必須とされたのが、真言であり陀羅尼であった。

修験道の修験道たるゆえんは、いまふれたような領域をにないながら、かつ仏教の基本を継承しつづけてきたところにある。それは仏教、わけても大乗仏教の基本理念とされる「上求菩提《じょうぐぼだい》　下化《げけ》衆生《しゅじょう》」、つまり「おのれの悟りを求めることと、人々を救済することは一つである」という文言に尽きる。この点はとくに強調しておきたい。

修験道の真言陀羅尼

現行の修験道において、もっともよく読誦される経典は『般若心経』である。というより、修験道で使われる経典はほとんど『般若心経』しかないといってもいいくらいである。神々にむかっても仏菩薩にむかっても、ことあるごとに必ず『般若心経』を唱える。これは、いわゆる「御法楽《ごほうらく》」と称され、神聖な捧げ物として、しきりと唱えられてきた。

そのほかには、『法華経』のなかの「観世音菩薩普門品《かんぜおんぼさつふもんぼん》（観音経）」や「如来寿量品《にょらいじゅりょうぼん》」が、よく読誦される。ただし、全部ではなく、「観世音菩薩普門品」も「如来寿量品」も、末尾にある偈《げ》、すなわち詩句の部分だけを読誦することが多い。この場合、経典の思想などはあまり関係なく、もっぱら長い呪文として読誦されている感が強い。

修験道が読誦する真言陀羅尼の数は、ひじょうに多い。また、そのなかには、修験道の開祖である役行者をたたえる真言や、日本独特の神とも仏ともつかない存在、たとえば蔵王権現や三宝荒神《さんぽうこうじん》をたたえる真言も含まれている。

以下では、わたしが長年にわたり親しくさせていただいている修験本宗の総本山、奈良県は吉野の金峯山寺がもちいている『金峯山勤行儀』掲載の真言陀羅尼を、ご紹介したい。紹介にあたっては、修験道の伝統にしたがって、まず漢字による表記をしめし、そのつぎにその発音をひらがなでしめす。なお、順序も『金峯山勤行儀』そのままである。

◉発菩提心真言　［ほつぼだいしんしんごん］

菩提心、すなわち悟りを求める心を発する真言。

唵。冒地質多。母駄波娜野弭

おん。ぼうじしった。ぼだはだやみ

オーン　わたしは菩提心を発する

三昧耶戒真言［さんまやかいしんごん］

三昧耶戒、すなわち密教者としての戒をきわめる真言。

唵。三昧耶薩埵鑁

おん。さまやさたばん

オーン　あなたは（仏と同じ）境地にいる

本尊蔵王権現［ほんぞんざおうごんげん］

修験道の本尊である金剛《こんごう》蔵《ざ》王権現《おうごんげん》は、役行者が感得、つまり「祈りの力によって出現させた」もしくは「霊力によって出現させた」修験道の本尊である。鎌倉時代に書かれた『金峯山秘密伝』などによれば、天智《てんじ》天皇が天下を治めていた白鳳年間（六六二〜六七一）、役行者は吉野の金峯山《きんぷせん》上で、一千日の仏道修行に入り、末世の汚れた世の中で苦しむ人々を救済するために、末世の汚れた世の中にふさわしい降魔、つまり悪魔を退治できる本尊の出現を願った。

役行者の願いにこたえて、仏菩薩が次々に姿をあらわした。まず最初が釈迦如来、次に千手千眼観音菩薩、さらに弥勒菩薩、という順番である。しかし、いずれの仏菩薩も慈悲を本体とするので、辺境にあって心猛々しく、しかも末世に生きる日本人には、優しすぎてふさわしくないとお引き取りいただいた。

すると、最後に、天地がにわかに揺れ動き、凄まじい雷鳴とともに、大岩盤のなかから、青黒い色をして、怒り狂った顔の金剛蔵王尊が、右の手に金剛杵《こんごうしょ》をもち、左の手には刀印をむすんで腰に押しあてながら、忽然として姿をあらわし、岩盤の上に立った。それを見た役行者は、これぞ末世に人々を救済してくださる仏だと大いに喜び、大いに敬って、崇めたてり、その姿を、桜の木に刻んだという。

金剛蔵王権現がみずから役行者に明かしたところによると、かつて自分は、インドの霊鷲山《りょうじゅせん》で釈迦牟尼として、『法華経』などの真理の法を説いた。いまは、海に囲まれた日本列島の金峯山で、人々を救済するために、金剛蔵王権現として現れ、現世と来世の両方にわたって、活動しているという。

後世の修験道では、この件について、こう教義を展開する。釈迦如来と観音菩薩と弥勒菩薩とい

本尊蔵王権現

身色＝青黒

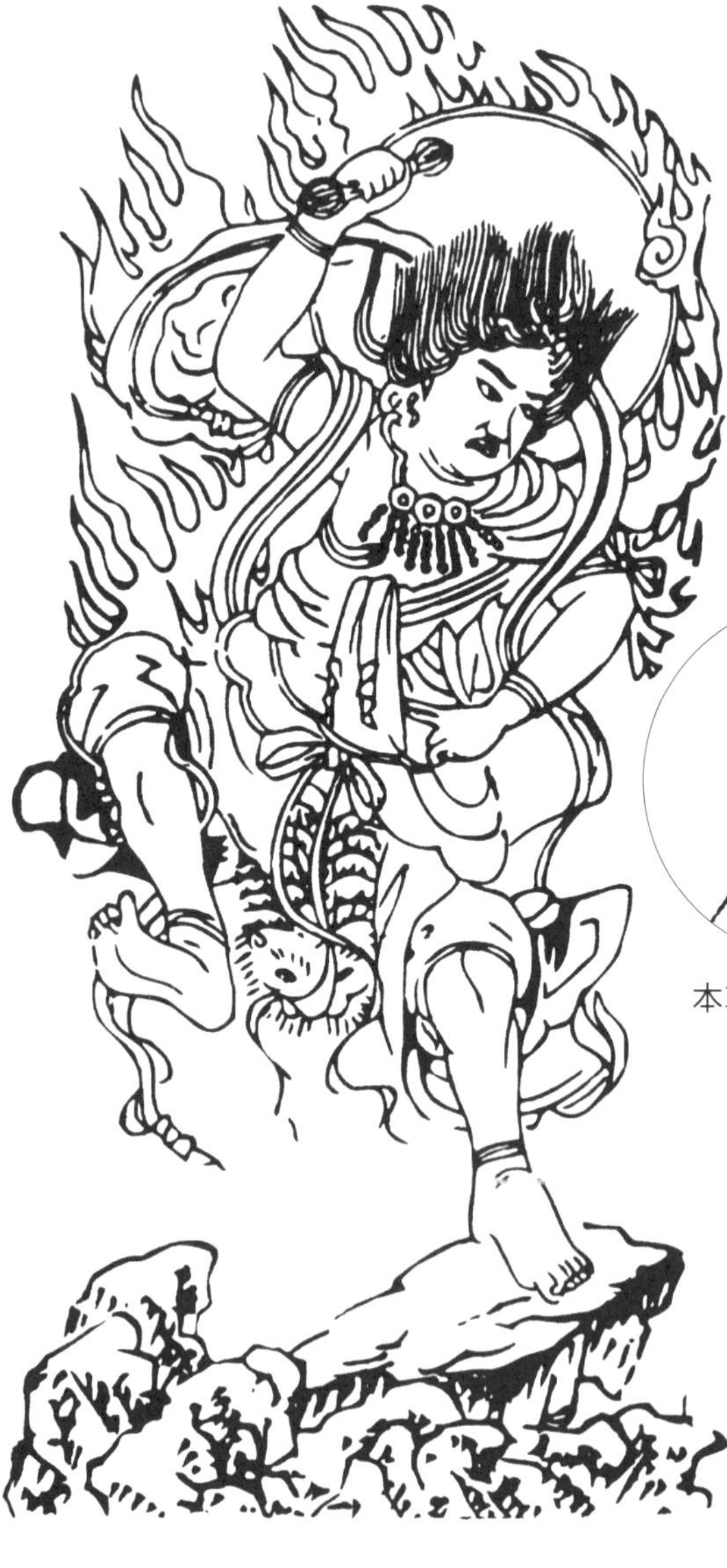

本尊蔵王権現の印

ウーン

ウーン

うぐあいに、三つに分かれ、釈迦如来が過去、観音菩薩が現在、弥勒菩薩が未来を、それぞれつかさどっているが、これら三つはじつはみな釈迦如来のあらわれである。これを「三密一仏」と称し、三体の仏が、融合して、一体の仏として現れたのが金剛蔵王権現なのであるとみなす。

唵。嚩曰羅句舎。嚩惹。吽。莎訶

おん。ばさらくしゃ。あらんじゃ。うん。そわか

オーン　金剛蔵王　フーン　幸いあれ

◉高祖神変大菩薩　［こうそじんべんだいぼさつ］

修験道の開祖であり、神変大菩薩とも敬称される役行者の真言。役行者は在家仏教者だったために、役優婆塞《えんのうばそく》とも呼ばれる。

唵。虐虐。役優婆塞。嚩佉。吽。莎訶

役行者

カーン

カーン

おん。ぎゃくぎゃく。役優婆塞。あらんきゃ。そわか

オーム　ガハガハ　役優婆塞　行け　幸いあれ

◉不動明王［ふどうみょうおう］

曩莫。三満多嚩曰囉赧。戦拏摩賀路灑儜。薩破吒也。吽怛羅佗。憾鉛

なうまく　さんまんだ　ばざらだん　せんだ　まかろしゃだ　そはたや　うん　たらた　かんまん

帰依いたします　あまねきダイアモンドのごとき永遠不壊のお方に　暴悪なる者よ　大いに怒れる者よ　破壊したまえ　怒りたまえ　障害を破砕したまえ　ハーン　マーン

◉大日如来［だいにちにょらい］

阿尾羅吽欠

あびらうんけん

ア　ヴィ　ラ　フーン　カン

◉**釈迦如来**［しゃかにょらい］

曩莫三曼多没駄喃婆

なうまく　さんまんだ　ぼだなん　ば

あまねき諸仏に帰依いたします　バハ

◉**阿弥陀如来**［あみだにょらい］

唵阿密嘌多帝際賀羅吽

おんあみりたていぜいからうん

オーン　甘露（不滅）の威光ある者よ　救いたまえ　フーン

◉薬師如来［やくしにょらい］

唵戸魯戸魯旋荼利摩登耆娑婆訶

おんころころせんだりまとうぎそわか

オーン　除きたまえ　除きたまえ　チャンダーリーよ　マータンギーよ　幸いあれ

◉観世音菩薩［かんぜおんぼさつ］

唵阿魯力迦娑婆訶

おんあろりきゃそわか

オーン　蓮華をもつ者よ　幸いあれ

●弥勒菩薩〔みろくぼさつ〕

唵毎怛礼野娑婆訶

おんまいたりやそわか

オーン　弥勒尊よ　幸いあれ

●地蔵菩薩〔じぞうぼさつ〕

唵訶訶訶尾娑摩曳娑婆訶

おんかかかびさまゑいそわか

オーン　ハ　ハ　ハ　希有なるお方よ　幸いあれ

◉文殊菩薩［もんじゅぼさつ］

唵阿羅波左娜

おんあらはしゃな

オーン　ア　パ　ラ　チャ　ナ

◉普賢菩薩［ふげんぼさつ］

唵三昧耶薩埵鑁

おんさんまやさとばん

オーン　あなたこそは悟りの境地なり

◉勢至菩薩［せいしぼさつ］

この菩薩は、阿弥陀三尊の右脇侍として、観音菩薩とペアになるほかは、存在感があまり感じられない。そのせいか、単独で描かれたり、彫像になることは、まずない。起源もよくわからないが、『法華経』に文殊菩薩や観世音菩薩とともに、「得大勢菩薩」の名で登場しているところを見ると、かなり古手の菩薩だったらしい。

浄土三部経の一つ、『観無量寿経』には「知恵を持って遍く一切を照らし、三途を離れしめて、無上の力を得せしむ故、大勢至と名ずく」とある。三途、つまり火途・血途・刀途の、迷いと戦いの世界の苦しみから、亡者を智恵をもって救い、仏道に引き入れて、正しい行いにみちびく菩薩という位置づけにある。

日本密教では、「大勢至菩薩」と呼ばれてきた。『大日経』系統の経典では、観音系列の尊格とみなされ、胎蔵曼荼羅では蓮華部院の上から二番目という地位をあたえられている。ちなみに、浄土宗の開祖、法然は生前から勢至菩薩の化身、あるいは生ける勢至菩薩とあがめられていた。

唵三髯髯索娑婆訶

勢至菩薩

身色＝肉色

勢至菩薩の印

サク

おんさんぜんさくそわか

オーン　サン　ジャン　ジャン　サハ　幸いあれ

◉龍樹菩薩［りゅうじゅぼさつ］

役行者は、現在の大阪府の北西部に位置する箕面山《みのおやま》において、龍樹菩薩という人物から、「密法受法」を果たしたと伝えられる。龍樹は、大乗仏教にとって最大の論師（哲学者）であり、第二のブッダともいわれる。ただし、二世紀から三世紀のころにインドで活動した人物だから、七世紀の日本にいるはずがない。

龍樹のサンスクリット原名にあたるナーガールジュナは、龍猛《りゅうみょう》と訳すこともできる。そして、大日如来から授かった真言密教を伝える真言八祖のなかに、龍猛となのる人物がいる。この点を考えれば、役行者が龍猛から「密法受法」を果たしたという伝承は、いちおう筋が通る。しかし、龍猛にしても、七世紀ころのインドで活動した人物だから、七世紀の日本にいるはずがない。

ということで、役行者の「密法受法」は謎のままというしかないが、修験道が役行者の密教の師として、龍樹をあがめてきたことは事実である。したがって、龍樹の真言があることは不思議ではない。

龍樹菩薩

金剛合掌印

ナ

唵佉侈二云泮吒

おんきゃだうんはった

オーン　キャタ　フーン　パット

◉愛染明王［あいぜんみょうおう］

唵二云枆枳二云座二云瑟地娑婆訶

おんうんだきうんざうんしっちそわか

オーン　フーン　タッキー尊よ　フーン　消去したまえ　フーン　成就したまえ　幸いあれ

◉一字金輪［いちじきんりん］

曩莫三満多没駄喃歩嚕唵

なまくさまんだぼだなんぼろん

あまねき諸仏に帰依いたします　ブルーン

◉仏眼部母尊　［ぶつげんぶつもそん］

仏眼部母尊《ぶつげんぶつもそん》は通常は仏眼仏母とよばれ、如来の智恵を象徴する尊格である。名称のなかに「眼」が含まれている理由は、眼は「智恵の門」にほかならないからだとされ、仏眼を「遍知眼」と訳す例もある。気をつけなければならないのは、仏母とはいっても、仏眼部母尊がこの名称から連想されがちな「仏の生みの親」ではない点である。なぜなら、真言密教では、万物の根源は大日如来であり、他に「仏の生みの親」が存在するわけがないからだ。なお、修験道の仏眼部母尊真言は、一般には仏眼仏母小呪とよばれている真言の省略版もしくは簡略版にあたる。

唵没駄路左儞娑婆訶

仏眼部母尊

身色＝肉色・金

ギャ

仏眼部母尊の印

おんぼだろしゃにそわか

オーン　仏眼尊よ　幸いあれ

◉孔雀明王［くじゃくみょうおう］

唵摩瘦囉訖蘭帝娑婆訶

おんまゆらぎらんていそわか

オーン　孔雀　最勝王よ　幸いあれ

◉脳天大神［のうてんおおかみ］

脳天大神は金剛蔵王大権現の変化身であり。第二次世界大戦後まもなく、当時の金峯山寺管長のまえに、頭を割られた二メートルほどの蛇の姿であらわれたと伝えられる。金峯山寺の蔵王堂から西側へ急な坂を下りた川沿いにある塔頭《たっちゅう》（付属寺院）の脳天大神龍王院でまつられ、首から上の悩み事に霊験あらたかという。

唵薩囉娑嚩底曳娑婆訶

おんそらそばていえいそわか

オーン　サラスヴァティー（弁才天）　幸いあれ

◉金剛童子［こんごうどうじ］

金剛童子は青童子と黄童子の二種類がある。前者は青色で六臂、後者は黄色で二臂。ともに忿怒相で、童子とはいいながら、明王に近い姿をもつ。その修法は産生ならびに降伏祈願のために実践される場合が多かったと伝えられる。

唵迦抳度寧云発吒

おんきゃにどにうんばった

金剛童子

身色＝青・黄

ウーン

ウーン

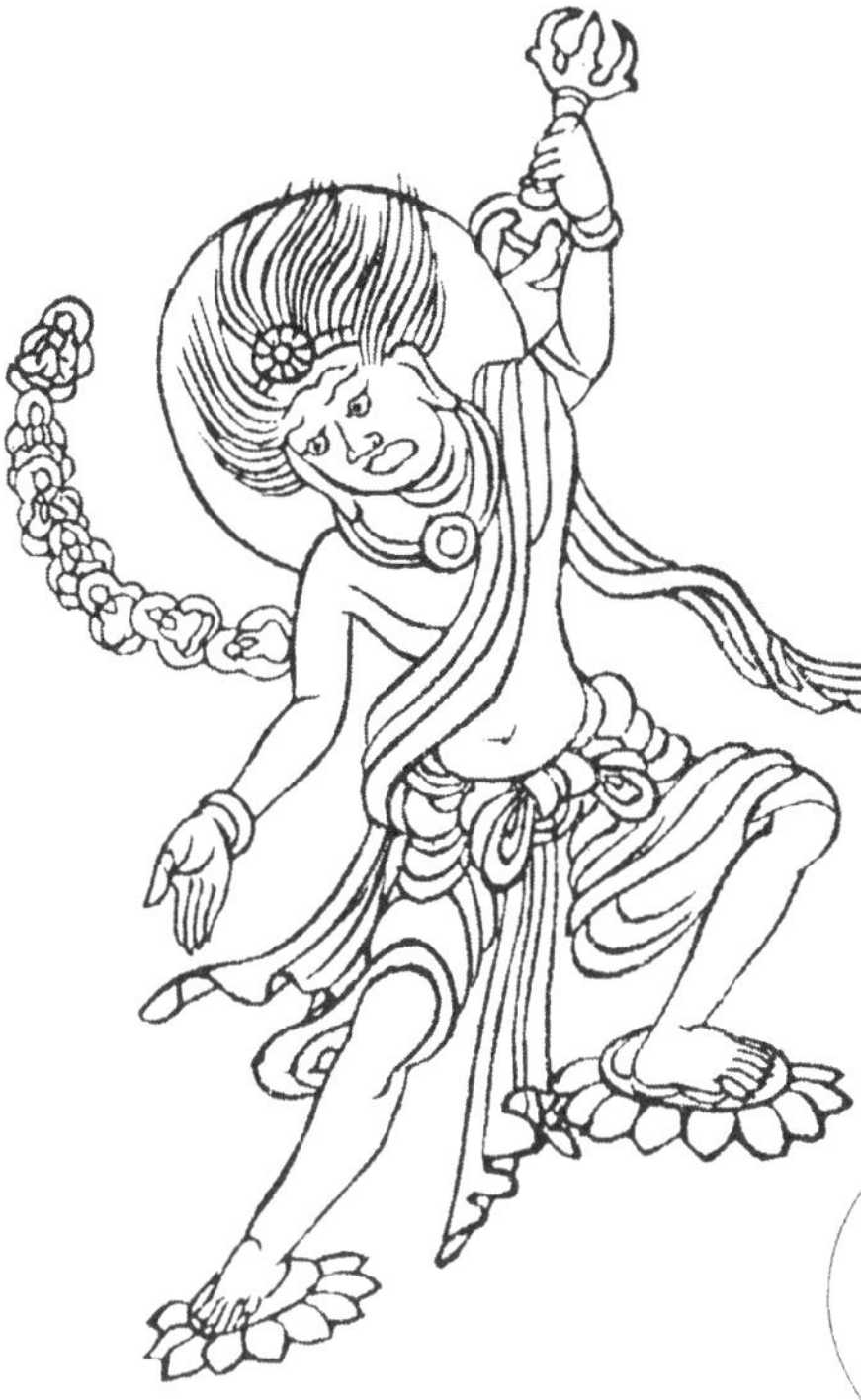

金剛童子の印

オーン　童子よ　奮迅せよ　フーン　パット

◉降三世明王 ［ごうざんぜみょうおう］

唵儞孫縛婆曰羅云発吒

おんそんばばばさらうんばった

オーン　スンバ尊よ　（ダイアモンドのごとき）永遠不壊のお方よ　フーン　パット

◉三宝荒神 ［さんぽうこうじん］

日本で生まれた神とも仏ともつかない存在であり、形態的には怒りの形相激しく、明王に近い。仏法僧の三宝を守護し、不浄を除去し、七難消滅と福寿長久をかなえるゆえに、この名があるという。民間では、火と竈の神として信仰され、竈神として、台所にまつられることが多い。

三宝荒神

身色＝赤

唵欠婆耶欠婆耶娑婆訶

おんけんばやけんばやそわか

オーン　動神よ　動神よ　幸いあれ

＊動神は日天の眷属

◉三部総呪［さんぶそうじゅ］

三部とは仏部・蓮華部・金剛部をさす。部とは「部族」、わかりやすくいうなら「グループ」を意味する。仏部は如来の部族であるため、如来部ともいう。蓮華部は、この部族の主が観世音菩薩（観自在菩薩）であるため、観音部ともいう。金剛部は智恵の徳をつかさどる諸尊の部族である。もうすこし具体的に説明すれば、仏部は釈迦如来を中心とする部族。蓮華部は観音を中心とする部族。金剛部は金剛手（金剛薩埵）を中心とする部族になる。

三部総呪は、これら三部の種字、すなわちア・サ・バの三文字をならべた呪文にほかならない。

唵阿娑縛娑婆訶

おんあさばそわか

オーン　ア　サ　ヴァ　幸いあれ

◉諸天総呪［しょてんそうじゅ］

諸天とは、文字どおり、もろもろの神々をさす。実質的にはヒンドゥー教出身の神々が多い。ようするに、天龍鬼神のたぐいである。

諸天総呪の印＝金剛合掌引

諸天総呪の種字＝ウーン（フーン）

唵魯迦魯迦佉羅耶娑婆訶

おんろきゃろきゃきゃらやそわか

オーン　世間非世間の創造主よ　幸いあれ

●火界呪［かかいじゅ］

火界呪は不動明王の大呪をさす。不動明王の三昧（境地）が「火生三昧」、すなわち猛火のなかに住するがゆえに、この名がある。

曩莫薩縛。怛他蘖帝毘薬薩縛目契毘薬。薩縛他怛羅吒。贊拏摩訶路灑拏。欠佉吉佉吉。薩縛尾勤南。吽怛羅吒。唅給

なまくさるば。たたぎゃていびやさるばもけいびや。さるばたたらた。せんだまかろしゃな。けんぎゃきぎゃき。さるばびきなん。うんたらた。かんまん

火界呪の印

帰依いたします　いっさいの如来たちに　いっさいの時間といっさいの場所において　破壊したまえ　暴悪なる忿怒尊よ　いっさいの障害を滅尽したまえ　フーン　破壊したまえ　ハーン　マーン

正木 晃◉まさき・あきら

一九五三年、神奈川県に生まれる。筑波大学大学院博士課程修了。国際日本文化研究センター客員助教授、中京女子大学助教授などを経て、現在、慶應義塾大学非常勤講師。専門は宗教学（チベット・日本密教）で、とくに修行における心身変容や図像表現を研究。著書に『マンダラとは何か』（ＮＨＫ出版）、『密教』（ちくま学芸文庫）、『はじめての宗教学』『お化けと森の宗教学』『千と千尋のスピリチュアルな世界』『カラーリング・マンダラ』『お坊さんのための仏教入門』（以上、春秋社）、『空海と密教美術』（角川選書）ほか多数。

密教の聖なる呪文
—諸尊・真言・印・種字—

2019年4月15日　初版第1刷発行
2025年7月24日　初版第3刷発行

著　者———正木 晃
発行者———野村敏晴
発行所———株式会社 ビイング・ネット・プレス
〒252-0303 神奈川県相模原市南区相模大野 8-2-12-202
電話 042-702-9213　FAX 042-702-9218
装　丁———山田孝之
印刷・製本———モリモト印刷株式会社

ISBN978-4-908055-15-7 C0015 Printed in Japan